Dernières parutions dans la Collection *Documents* :
– *Géopolitique des cryptomonnaies*, Nancy Gomez, Patrick Pasin ;
– *Vaccins - Oui ou Non ?*, Stefano Montanari, Antonietta Gatti, Serge Rader ;
– *L'Arme climatique - La manipulation du climat par les miltaires*, Patrick Pasin ;
– *Vaccination : la grande illusion*, Bickel (illustré).

À paraître :
– *La Planète Terre, ultime arme de guerre* (tome 2), Dr Rosalie Bertell ;
– *L'Arme environnementale*, Patrick Pasin.

Titre original : *Planet Earth: the Latest Weapon of War*,
The Women's Press, London, U. K.

Autres livres en français de Rosalie Bertell :
– *Sans danger immédiat ? – L'avenir de l'humanité sur une planète radioactive*, éd. Pleine Lune, 2005 ;
– *Recommandations 2003 du Comité européen sur le risque de l'irradiation*, Rosalie Bertell et Chris Busby, éd. Frison-Roche, 2004.

Talma Studios
60, rue Alexandre-Dumas
75011 Paris – France
www.talmastudios.com
info@talmastudios.com

ISBN: 979-10-96132-69-0
© Tous droits réservés

LA PLANÈTE TERRE, ULTIME ARME DE GUERRE

Tome 1

Dr Rosalie Bertell

Traduit de l'anglais par
Monique Fontana Haller

En 2012, alertée par ma fille au sujet de vols aériens suspects, je me suis mise à observer le ciel avec attention et j'ai pu constater par moi-même un certain nombre d'anomalies. Mes recherches m'ont alors conduite sur des sites qui annonçaient la mort de Rosalie Bertell, décédée le 14 juin de cette même année. Je ne connaissais encore rien de cette grande scientifique américaine, mais je me suis procuré son dernier ouvrage, *Planet Earth: The Latest Weapon of War*, une étude remarquable qui m'a fait découvrir sous un jour nouveau la problématique de la survie de notre espèce et de son environnement planétaire.

Un très vif remerciement à Jean-Luc Di Cesare qui, grâce à son savoir linguistique, ses multiples compétences et son accompagnement fidèle, a permis l'aboutissement de ce travail de traduction.

Monique Fontana Haller
moniquefonthaller@gmail.com

Remerciements

Je voudrais exprimer ma profonde reconnaissance envers mes Sœurs des Grey Nuns of the Sacred Heart, qui m'ont offert un lieu et le temps nécessaire pour développer cette analyse. Je leur suis également redevable de l'aide financière apportée par la Fondation Right Livelihood (prix Nobel Alternatif), la Nancy's Very Own Foundation et les nombreux donateurs de notre Institut. Le personnel et le comité directeur de l'International Institute of Concern for Public Health m'ont procuré le temps, le soutien moral et la certitude que les efforts de cet institut pour proposer des approches nouvelles concernant la santé publique globale seront poursuivis.

De nombreux et nouveaux acteurs de la société civile se consacrent à la transformation des institutions et à la création d'un groupe collégial mondial, réellement solidaire. Ils découvriront sans doute que les causes pour lesquelles ils se passionnent, leurs espoirs et leurs points de vue sont en harmonie avec mon analyse. Je les remercie pour le don de leur vie, le travail qu'ils accomplissent pour la paix et leur généreux partage de leur imagination et de leur créativité. C'est ce réseau planétaire de penseurs et de planificateurs plutôt que les banquiers et les cadres d'entreprise qui offrira les plus belles perspectives d'un avenir de non-violence à notre planète.

Toutefois, c'est à notre planète Terre elle-même que je dois ma plus profonde gratitude. Elle m'attire avec force et suscite mon respect et mon émerveillement depuis toujours.

Dr Rosalie Bertell

Avant-propos

Dans le cadre d'un documentaire sur la manipulation du climat par les militaires, le Dr Rosalie Bertell m'invita en 2008 à venir la rencontrer à Toronto, où elle avait, notamment, contribué à la création de l'International Institute of Concern for Public Health, dont elle fut présidente. Je passais le weekend en sa compagnie et celle de ses proches, dont sa sœur Mary Katherine, car, le dimanche, avait lieu son jubilé en tant que membre des Sœurs de la charité de Montréal, ou Sœurs Grises.

Cette petite femme fragile, qui faillit mourir de pneumonie juste après sa naissance en 1929, fut une grande dame, œuvrant inlassablement pour l'Humanité et la Terre. Il est impossible de détailler tout ce qu'elle accomplit, mais essayons de le résumer en quelques lignes, afin que le lecteur puisse sentir l'énergie qui l'animait et la conduisit partout sur la planète où elle pouvait défendre des causes.

De nationalité américaine et canadienne, Rosalie Bertell obtint un doctorat en biométrie et travailla dans le domaine de la santé environnementale de 1969 à son décès en 2012. Elle participa à la création, présida et conseilla plusieurs organismes, y compris publics, dirigea les commissions médicales de Bhopal et de Tchernobyl, réalisa des travaux de recherche en collaboration avec de nombreuses organisations, publia plus d'une centaine d'articles... Elle reçut de multiples récompenses, dont le Right Livelihood Award (considéré comme le « prix Nobel alternatif ») en 1986, le prix pour la Paix du Mouvement fédéraliste mondial (1988), le prix Global 500 du Programme des Nations Unies pour l'environnement (1993), cinq doctorats honorifiques, etc.

Plus particulièrement par rapport à ce livre, Rosalie travailla sur le projet de « guerre des étoiles », se rendit à la station Haarp de Gakona, en Alaska, et fut d'ailleurs invitée en 1998 par le Parlement européen à s'exprimer sur le sujet, tandis que l'Otan et les États-Unis préféraient ne pas se rendre à cette audition. Elle fut également consultante pour la US Nuclear Regulatory Commission et la US Environmental Protection Agency. Quelles que fussent ses activités, jamais elle ne cessa de « surveiller » ce que les militaires préparaient.

Il y aurait tant encore à dire sur une vie si remplie de générosité... Nous poursuivîmes nos échanges après notre rencontre à Toronto. Je peux assurer que Rosalie milita pour la paix jusqu'à son dernier souffle. C'est donc avec reconnaissance que nous publions en français *La Planète Terre, ultime arme de guerre*. Que tous ceux et celles qui y ont contribué soient ici remerciés.

Patrick Pasin
Éditeur

Introduction

Je sentais le froid me transpercer sous le bleu du ciel et l'éclat du soleil. Cette journée d'hiver au sommet de la colline de Beckley dans le Vermont semblait une expérience irréelle. J'étais plus habituée aux jours couverts, glacés et sinistres de l'hiver, et dans mon esprit s'était créée une relation étroite entre chaleur et soleil.

D'une manière plus générale, le froid ensoleillé du Vermont me renvoyait aux apparences trompeuses et combien le « premier regard » peut induire en erreur. Ma mère paraissait toujours en bonne forme, malgré ses quatre-vingt-quinze ans, sans doute grâce à l'étincelle dans ses yeux et à son esprit toujours aussi vif. Certaines de mes amies qui souffraient d'un cancer auraient pu participer à un concours de beauté sans que personne ne remarquât qu'elles étaient malades. Cela me faisait penser à la Terre et à l'équilibre délicat du processus naturel qui la régule : si elle était endommagée ou « souffrait » d'une quelconque maladie, serions-nous capables de déceler le problème suffisamment tôt pour inverser le processus ?

En ce jour dans le Vermont, les bouleaux étaient dépouillés de leurs feuilles et se dressaient nus dans leur repos saisonnier, mais cette nudité était normale, naturelle, et les délicates petites feuilles vertes réapparaîtraient au printemps pour revêtir les arbres de leur élégance. Il faut comprendre la totalité du cycle de vie d'un organisme naturel pour ne pas confondre une période de sommeil avec la mort ou la dégradation. La Terre elle-même a des cycles et nos ancêtres ont fidèlement noté le déroulement des saisons et du climat depuis cent cinquante ans au moins. Pourtant, notre connaissance de la façon dont ces cycles fonctionnent et interagissent est encore incomplète. Nous ignorons les limites de la résistance de la Terre et sommes également incapables d'évaluer son pouvoir de résilience.

Par un jour froid et lumineux, elle paraît merveilleuse, l'air vous revigore, et il peut être difficile de prêter foi à tous ces signes nous avertissant que nous avons compromis sa santé. Pourtant, depuis la Conférence des Nations Unies sur l'environnement de 1972, il est évident qu'elle doit faire face à de graves problèmes : mort des arbres, disparition d'espèces, contamination et épuisement de l'eau potable, érosion du sol, déforestation, smog, réduction des réserves de poissons, pauvreté et surpopulation. Plus récemment, la fréquence des épisodes climatiques violents a augmenté de façon alarmante et il est désormais prouvé que beaucoup des désastres soi-disant « naturels » sont liés aux activités humaines. Tous nos efforts pour restaurer la santé de la planète, qu'il s'agisse de modifier notre mode de vie, réduire notre dépendance aux énergies fossiles, réutiliser et recycler, ne semblent pas avoir endigué la marée. Au contraire, le Programme des Nations Unies pour l'environnement annonça en septembre 1999 que la crise environnementale s'aggravait au lieu de reculer.

Je suis convaincue que nous avons traité les symptômes et non la cause de la maladie dont souffre la Terre. Nous avons mis à mal ses systèmes naturels, comment elle régule la température et les réserves d'eau, recycle les déchets et protège la vie. Selon moi, certaines des maltraitances les plus fondamentales se sont produites à cause de notre dépendance continuelle vis-à-vis des forces militaires.

Les morts et les destructions sont les résultats immédiats des guerres, mais les conséquences environnementales peuvent durer des centaines, souvent des milliers d'années. Et ce n'est pas juste la guerre qui mine le système supportant la vie, mais aussi la recherche et le développement, les exercices et les préparatifs militaires conduits quotidiennement presque partout dans le monde. La majeure partie de ces activités de pré-guerre se déroule sans la surveillance bénéfique des civils, et nous ignorons tout de ce qui est infligé à notre environnement au nom de la « sécurité ».

Il est vrai qu'une force de police est nécessaire et légitime au sein de la communauté internationale, mais aucune raison ne justifie

Introduction

de force militaire. Faire exploser un quartier suspecté d'abriter un criminel n'a jamais été considéré comme une façon civilisée de promouvoir l'ordre chez soi. Pas plus que la destruction d'une nation, la contamination de sa nourriture, de l'air qu'elle respire et de ses autres ressources ne sont un moyen de réaliser la paix mondiale. Bien sûr, l'impossibilité de faire la guerre n'éliminera pas les conflits régionaux – cela garantira simplement qu'ils seront soumis à des accords négociés plutôt que résolus par la violence. De grandes coalitions politiques et commerciales telles que l'Organisation de l'unité africaine et l'Union européenne peuvent se constituer grâce à des pourparlers légaux plutôt que par la force.

En fait, je pense que notre définition actuelle de la sécurité est devenue obsolète. Nous considérons que la sécurité militaire consiste soit à protéger les biens, les terres et les privilèges de certains, soit à confisquer ceux des autres. La société moderne semble liée de façon malsaine au profit, et le fossé ne cesse de s'élargir entre les riches et les pauvres. Là réside le facteur principal qui déstabilise notre société et cause non pas de la sécurité mais de l'insécurité mondiale. Cela dénature l'économie de marché, qui pourvoit aux besoins des riches et laisse ceux des pauvres sans réponse. Il est impossible que là soit les bases d'une vraie démocratie.

Je crois également que nous avons été embrouillés par la lutte entre le communisme et le capitalisme, propos dominant des intellectuels depuis de nombreuses années. Ce conflit porte essentiellement sur la répartition des excédents dans l'économie : faut-il confier les richesses accumulées au gouvernement, qui prétend les utiliser au bénéfice de tous en finançant des programmes sociaux, ou à des entrepreneurs privés qui pensent pouvoir « construire l'économie » de façon plus avisée et ainsi fournir au peuple des emplois et un meilleur niveau de vie ?

Le problème de ces deux systèmes est qu'ils ont concentré leur objectif sur l'ordre économique aux dépens de l'ordre social et écologique, alors qu'il est devenu de plus en plus évident que les trois sont intimement liés. La question la plus urgente à laquelle nous sommes confrontés actuellement est de savoir comment maintenir l'état de la planète, ce système qui alimente nos vies, et non pas comment redistribuer les richesses – bien que, à mon avis, si nous réussissons la première de ces tâches, nous serons contraints de traiter la seconde. Une réunion du G7 pour fixer les taux d'intérêt ne peut pas corriger la surexploitation de nos ressources naturelles ou la manipulation des forces réparatrices de la Terre ! La vie ne prospère que dans un état d'équilibre, pas en se concentrant uniquement sur la « performance » économique.

Cependant, cet objectif de planifier l'équilibre social nécessite d'abord une nouvelle définition des responsabilités assignées aux militaires, afin qu'ils remplissent fidèlement leur tâche de servir et protéger les intérêts de la population. Pour y parvenir, nous devons regarder au-delà du modèle de domination mondiale par la force, vers des solutions plus policées et plus coopératives pour résoudre les problèmes auxquels nous devons faire face. Pour beaucoup, cela peut sembler idéaliste dans un monde dominé par ce que j'appellerais un capitalisme dur et inflexible, mais c'est uniquement en imaginant des solutions idéales que nous pourrons commencer le processus du changement.

Des signes d'espoir se dessinent déjà : le mouvement féministe, la prise de conscience croissante des droits de l'homme, des droits des animaux, des droits de la Terre, tous annoncent de profondes transformations dans les structures de notre société et dans la façon dont sont envisagées les inégalités et les conflits. Les Nations Unies s'engagent dans une période de réformes avec le bénéfice d'une expérience longue de cinquante ans. La gestion de la Terre exercée depuis des siècles par les peuples autochtones est progressivement reconnue, et leur aptitude à vivre dans l'abondance sans exploiter ni détruire la profusion des richesses est un modèle pour ceux qui aspirent à un management global de la planète. La crise actuelle est

Introduction

une crise mondiale et, pour la résoudre, nous devons chercher des solutions mondiales.

Ce livre est divisé en trois parties sur deux volumes. Dans la première, j'examinerai deux conflits majeurs donnant un aperçu de la guerre de haute technologie à la fin du vingtième siècle. J'espère ainsi offrir au lecteur une idée de l'impact environnemental extensif des armes modernes et soulever la question de la motivation et des conséquences de ce qui a été appelé une intervention « humanitaire ». J'espère aussi démontrer que, par la compréhension de notre histoire, nous pouvons mieux mesurer les implications des préparatifs actuels de guerre et nous orienter dans une voie nouvelle pour le futur.

La guerre en soi n'est que le revers de la médaille militaire. L'expérimentation et la recherche militaires qui exploitent nos ressources naturelles et déstabilisent l'équilibre écologique sont également destructrices de la santé de notre planète. Dans la deuxième partie, je considérerai certaines des conséquences de la recherche passée et montrerai comment la tendance à expérimenter d'abord et à poser les questions ensuite est une caractéristique des efforts de recherche vers un armement toujours plus sophistiqué, particulièrement dans la course à la « guerre des étoiles ». Notons que, dans ce livre, je me concentre en priorité sur l'exploitation de l'environnement terrestre en tant qu'arme de guerre, bien que mon analyse de l'ensemble du problème inclue bien évidemment les armes nucléaires, biologiques et chimiques (NBC). En effet, le public a plus conscience de leur danger, s'accorde à les juger inacceptables et la législation internationale en interdit l'utilisation. Le fait que nombre de pays continuent à en fabriquer met seulement l'accent sur la nécessité de trouver de nouveaux moyens de résoudre les conflits internationaux.

Dans la dernière partie du livre [présentée dans le volume 2], je cherche à redéfinir notre notion de la sécurité : actuellement, la plus grande menace n'est plus l'invasion par « l'ennemi » mais la destruction des ressources naturelles dont dépendent notre vie et notre santé. Sans l'utilisation efficace et la gestion responsable de ces ressources, la trame de notre civilisation se désintégrera et se réduira à des combats pour des besoins élémentaires tels que l'air et l'eau purs. Afin d'assurer aux générations futures ce que j'ai appelé la sécurité « écologique », nous devons travailler à la fois sur le plan global et sur le plan local.

Le lecteur ne trouvera pas dans ce livre tous les détails possibles concernant la stratégie, les exercices et l'équipement militaires actuels. De la même manière, les problèmes environnementaux ne seront peut-être pas traités aussi profondément que l'exigent les spécialistes du sujet. Les experts en politique sociale estimeront sans doute que la sélection des signes d'espoir et des directives manque de précision et omet des points qu'ils considèrent importants. Certes, mais mon objectif n'est pas de me concentrer sur une spécialité particulière : ce livre veut brosser à grands traits un tableau de l'ensemble et mon but est de donner au discours et à la recherche une direction différente de celle de la pensée unique dominante. Je souhaite encourager les stratégies interdisciplinaires, car je considère que se concentrer uniquement sur les problèmes militaires d'un côté, et environnementaux et sociaux de l'autre, est l'une des plus grandes menaces à la survie de notre planète. Si les spécialistes de l'environnement se mettent à considérer l'impact et les implications des exercices militaires, si les experts en politique internationale commencent à s'inquiéter de la survie de la planète, et si les stratèges militaires réalisent qu'ils sont en mesure de rendre invivable cette si belle Terre, alors mon livre aura atteint son objectif.

Les « experts » ne sont pas les seuls à avoir un rôle à jouer : nous devons tous repenser notre réponse aux principaux problèmes actuels afin d'éviter une catastrophe écologique, et adopter des pratiques bénéfiques pour le futur de notre planète.

Introduction

Le secret qui entoure les projets militaires est l'un des plus grands obstacles à l'action civile. En travaillant à ce livre, j'ai parfois été submergée de colère en pensant aux sévices que subit notre Terre, et parfois de tristesse en mesurant l'étendue de notre ignorance des affaires et des projets de nos propres pays et de nos alliés. Il ne devrait pas être nécessaire d'expliquer en détail toutes les intrigues et les expériences mal-conçues entreprises par les gouvernements des pays démocratiques. La responsabilité des actes et des politiques d'une nation appartient au peuple, et le maintenir dans l'ignorance mine les fondements même de la démocratie.

De plus, ce n'est pas uniquement la communauté civile qui est maintenue dans l'obscurité : les jeunes politiciens d'aujourd'hui ne savent pratiquement rien des essais nucléaires des années 1950 et encore moins des expériences militaires dans l'ionosphère – je suis sûre que très peu d'hommes politiques choisissent le *Astrophysics Journal* comme livre de chevet. Par conséquent, nous ne disposons pas d'un contexte historique nous permettant de comprendre le présent, et nous ne possédons pas le code pour interpréter les projets militaires du futur.

Je souhaite que ce livre offre au lecteur la matrice historique pour embrasser le présent et l'avenir, ainsi que le dictionnaire pour appréhender les stratégies militaires actuelles. J'espère aussi qu'il l'incitera à s'engager dans des projets pour la paix. Nous devons tisser des liens de coopération avec la Terre, pas de domination, car, au final, c'est le don de la vie que nous transmettons à nos enfants et aux générations futures.

Partie I
LA GUERRE

Chapitre 1
La guerre dans les dix dernières années du xxe siècle

Ceux qui ont vécu les années après le lancement de la première bombe nucléaire pensaient que la fin de la guerre froide marquerait le retour à la raison. Pendant plus de cinquante ans, une paix instable fut maintenue sous la peur de représailles nucléaires et par la compétition meurtrière entre les deux blocs de l'Est et de l'Ouest. À la suite de la chute du mur de Berlin, de l'effondrement de l'Union soviétique et de l'introduction de la perestroïka, la menace de guerre sembla s'éloigner et la communauté internationale poussa un soupir de soulagement. Pourtant, au lieu de la démobilisation, les dix dernières années du vingtième siècle furent marquées par deux guerres occidentales unilatérales, l'une contre l'Irak, l'autre contre l'ex-Yougoslavie.

Il est impératif d'analyser ces événements de l'après-guerre froide afin de savoir s'ils auraient pu être évités, et de déterminer leur impact sur le monde et notre planète. Nous pouvons en tirer des leçons précieuses au sujet des causes de la guerre moderne : comment l'éviter et quels en sont les véritables contrecoups ? En observant le passé, nous pouvons constater comment les racines d'un conflit sont souvent devenues obscures. En nous tournant vers le futur, les guerres antérieures peuvent nous éclairer sur la nature et les conséquences possibles de celles à venir. Les armes deviennent de plus en plus meurtrières pour l'humanité et destructrices pour le système qui supporte nos vies. Si nous ne réussissons pas à prévenir cette violence, nos perspectives seront bien sombres.

L'objectif, la façon de conduire, les règles d'engagement et le langage de la guerre ont radicalement changé ces dix dernières années. Il y eut, bien sûr, des guerres au Rwanda, en Sierra Leone

Chapitre 1

et en Indonésie (pour n'en nommer que quelques-unes), mais la crise au Kosovo et la guerre du Golfe furent exceptionnelles, car présentées au public comme des causes « humanitaires » ; il s'agissait, en fait, de « guerres disciplinaires » pour punir deux nations d'un comportement inacceptable. L'Occident s'érigea lui-même comme juge et partie : il décida de la condamnation et fut responsable de l'exécution.

En matière de guerre et de paix, les deux acteurs principaux sont actuellement l'Organisation du traité de l'Atlantique nord (Otan) et le Conseil de sécurité des Nations Unies. La guerre contre l'Irak fut lancée avec le consentement du Conseil de sécurité ; les frappes aériennes au Kosovo furent déclenchées sans le consentement des Nations Unies et sur l'initiative de l'Otan, une organisation supposée être engagée uniquement dans la défense de ses pays membres. D'ailleurs, en juin 2000, un comité britannique restreint des affaires étrangères en vint à conclure que, selon son traité, l'Otan n'avait aucun pouvoir de conduire des opérations de guerre humanitaires sans l'autorisation spécifique des Nations Unies[1]. De toute évidence, il y avait confusion sur qui pouvait décider des questions de sécurité mondiale.

La prise de décisions démocratiques nécessite un point de vue objectif et impartial, mais de sérieuses questions peuvent être posées quant à la neutralité de ces deux organisations. Au sein du Conseil de sécurité des Nations Unies, le pouvoir de décision n'est pas équilibré : les cinq puissances nucléaires – les USA, le Royaume-Uni, la France, la Chine et la Russie – sont des membres permanents et ont le pouvoir de veto, tandis que les dix autres membres sont élus tous les deux ans par l'Assemblée générale. La neutralité et le partage démocratique du pouvoir au sein de l'Otan, coalition délibérée de dix-neuf nations, sont encore moindres. Le pouvoir de décision dominant dépend très fortement de la part financière de chaque pays, et les USA se taillent généralement la

---

1. *MPs say Kosovo bombing was illegal but necessary*, The Guardian, 7 juin 2000.

part du lion. Il dépend également de l'armement de pointe utilisé, et, là encore, les USA dominent dans la conception d'armes nouvelles et la puissance de feu. Des interlocuteurs internationaux autrefois prépondérants, comme le Royaume-Uni, l'Allemagne et la France, ne jouent plus désormais qu'un second rôle dans les politiques élaborées à Washington.

Ce déséquilibre commence à prendre tout son sens en observant la politique militaire des États-Unis. Le Pentagone décrivit la politique étrangère américaine durant la période de l'après-guerre froide dans un document politique de premier plan, intitulé *The Defense Planning Guide* (1992).[2] Il y est ouvertement déclaré que la seule façon de progresser doit être le renforcement et l'expansion de la domination militaire et politique américaine, et il est ajouté qu'aucun autre pays n'a le droit de prétendre à un rôle de leadership, même à un niveau régional.

Notre premier objectif est de prévenir la réémergence d'un nouveau rival. En premier lieu, les États-Unis doivent conforter leur position de leader, nécessaire pour établir et protéger un nouvel ordre mondial capable de dissuader les concurrents potentiels de prétendre à un rôle plus important ou d'adopter une attitude plus agressive pour protéger leurs intérêts légitimes.

Nous devons suffisamment prendre en compte les intérêts des pays hautement industrialisés pour les dissuader de mettre au défi notre prééminence ou de chercher à renverser l'ordre économique et politique établi. Enfin, nous devons maintenir en l'état le mécanisme qui dissuade les concurrents éventuels d'aspirer à un rôle mondial ou régional plus étendu.[3]

Ceci est le règne du canon, pas de la loi, et nous rappelle le Far West, quand le mâle « le plus fort » assumait le rôle du chef et rendait la justice comme il l'entendait, jusqu'à ce qu'un autre encore « plus

---

2. Il s'agit d'une déclaration de quarante-six pages de la politique des États-Unis. Un article publié dans le *New York Times* du 8 mars 1992 en a extrait des paragraphes importants.
3. *US Defense Planning Guide*, Pentagone, 1992.

fort » le détrône. La domination des États-Unis est en adéquation évidente avec l'ordre économique et politique établi. Tenant compte de ce fait, il n'est pas déraisonnable de suggérer que le déséquilibre entre les pouvoirs de décision du Conseil de sécurité des Nations Unies et ceux de l'Otan aide à protéger le statut de prééminence de l'Amérique.

Tel est le climat dans lequel se prennent les décisions internationales en ce début de nouveau millénaire, une arène dans laquelle les responsabilités et la justice pour toutes les nations sont décidées par quelques privilégiés. Bien sûr, quand l'une d'elles se comporte de façon inhumaine ou opprime son peuple, on ne peut attendre de la communauté internationale qu'elle reste *à ne rien faire. Cependant, comme les conflits du Kosovo et du Golfe le démontrent, définir qui est « coupable » et qui est « dans son droit » n'est pas toujours chose évidente. Les deux guerres furent des désastres humanitaires et environnementaux. Dans un tel contexte, personne ne gagne.

La crise du Kosovo

Les racines de la situation du Kosovo peuvent être trouvées loin dans l'histoire, mais la crise économique qui précipita l'éclatement de la Yougoslavie est intimement liée à l'intervention du Fonds Monétaire International (FMI) dans les années 1980. La Yougoslavie dépendait de « crédits » pour pouvoir s'approvisionner sur le marché international et, en 1986, le FMI commença de soumettre ces crédits à des contraintes de réforme politique et de changement constitutionnel. Peu à peu, le FMI s'empara de la politique économique de la Yougoslavie, sous l'influence d'économistes de l'université de Harvard et de l'Institut de Technologie du Massachusetts (MIT). En échange de nouveaux financements, le FMI exigea du gouvernement yougoslave d'ouvrir son économie aux droits de propriété des étrangers et de mettre fin à la participation ouvrière, orientant ainsi le pays vers une économie de style occidental.

Dans la période qui suivit la guerre froide, la « thérapie de choc » fut en vogue, ainsi appelée parce qu'elle précipitait un pays du socialisme vers le capitalisme. On fit pression sur le gouvernement yougoslave pour qu'il « entre dans le vingtième siècle », qu'il lève des impôts, négocie des emprunts internationaux, réduise les programmes sociaux et cesse de verser des fonds aux républiques yougoslaves. Cette dernière décision, en particulier, fut à l'origine de tensions dans un pays qui, jusque-là, avait maintenu son unité grâce à son organisation socialiste, dont des subventions pour l'éducation, la santé, les services sociaux et le transfert de fonds des régions les plus riches vers les plus en difficulté.

L'effet de cette thérapie de choc fut dévastateur : le dinar yougoslave, qui valait 22 $ en 1986, avait chuté à 0,11 $ en décembre 1989. L'inflation galopante s'était installée en décembre 1991 et, progressivement, les prix exorbitants finirent de disloquer l'économie. En tant que principal contributeur du FMI, les États-Unis insistèrent pour que soit adopté un plan brutal d'austérité et de réformes structurelles : dévaluation de la monnaie, gel des salaires, arrêt de toutes les subventions, fermeture de nombreuses entreprises nationales, privatisation des autres, ce qui porta le chômage à 20 %.[4]

Puis, en novembre 1990, le Congrès des États-Unis vota ce qui devint en 1991 la Loi sur les opérations de crédits à l'étranger qui, brutalement et sans avertissement, mit fin à toutes les aides et prêts américains. Cette loi exigeait que, dans les six mois, des élections démocratiques séparées aient lieu dans chacune des six républiques constituant la Yougoslavie. La politique américaine exprimait clairement que les aides ne reprendraient qu'après les

---
4. *NATO in the Balkans,* International Action Center, 39 West 14th Street, 206, New York, NY 10011 (www.iacenter.org), 1998.

élections, qui devaient être approuvées par le département d'État. Ce changement dramatique fut présenté au public comme un acte « humanitaire », mais il était clair qu'il était directement lié à la conversion de la Yougoslavie en pays capitaliste avec une économie de marché, dans le sillage de la guerre froide. Comme *La Revue de l'Otan* le déclarait en mai 1996, « la Communauté européenne et l'Otan ont entrepris l'ancrage des pays d'Europe de l'Est... afin de consolider les gains de la guerre froide. »

Sans crédit, la Yougoslavie ne pouvait plus acheter de matières premières ni pratiquer le commerce international pour acquérir les devises nécessaires au paiement de ses dettes. Le message que les États-Unis envoyèrent à l'Europe était clair : si les républiques des Balkans ne peuvent pas rembourser leurs dettes, elles seront dans l'obligation de se déclarer en faillite et les actifs de la Yougoslavie pourront être saisis. La Communauté européenne suivit l'exemple des États-Unis : elle suspendit son aide économique, imposa l'embargo sur les importations yougoslaves d'armement et insista pour que des élections multi-partis soient organisées, brandissant la menace du blocus économique.

Le 5 mai 1991, le délai de six mois imposé par les États-Unis fut atteint. De toute évidence, le système économique socialiste qui avait maintenu l'unité de la fragile fédération yougoslave était en miettes. Lorsque la thérapie de choc du FMI frappa, les deux républiques les plus riches, la Croatie et la Slovénie, durent supporter une charge plus lourde pour venir en aide aux républiques plus pauvres. Des grèves massives et répétées et d'autres actions des travailleurs s'avérèrent inefficaces contre les forces économiques internationales de changement. Les tensions politiques et économiques semblèrent rallumer de vieux antagonismes entre les Serbes, les Croates et les musulmans. Le pays sombra dans la guerre ethnique, le génocide et le chaos. Le 25 juin 1991, la Slovénie et la Croatie déclarèrent leur indépendance ; ce fut le début de la guerre civile. En avril, des troubles éclatèrent en Bosnie, entraînant souffrances et bains de sang comme l'Europe n'en avait plus connus depuis la deuxième guerre mondiale.

Cela est la version nécessairement simplifiée d'une série d'événements immensément complexe, mais ce qui ressort est, qu'au milieu de la tourmente politique, le FMI refusa d'allouer à la Yougoslavie les crédits indispensables à la poursuite de ses échanges commerciaux. Un économiste européen me dit que le chaos qui en résulta « ne pouvait que se produire », le passage du socialisme au capitalisme était inévitable. Il justifia son point de vue en déclarant que les Européens avaient demandé à la Yougoslavie de ne pas donner la priorité à son système socialiste. « Nous avons gagné la guerre froide, les choses doivent changer ! »

Cependant, l'Europe ne pouvait guère rester sur sa réserve et regarder dans sa propre cour un pays plonger dans la guerre civile. Aussi, en mars 1992, la Yougoslavie et la Communauté européenne négocièrent un accord à Lisbonne. Les trois principales parties – les Serbes, les Croates et les musulmans – acceptèrent une division de la Yougoslavie en trois cantons, selon le modèle suisse, chacun bénéficiant de l'autodétermination. L'accord envisageait également la supervision de la Yougoslavie par l'Europe pendant la période de transition vers une économie de marché. Cependant, à la suite de l'intervention de l'ambassadeur américain Zimmermann, le leader musulman, le président Ljubo Izetbegović, fit marche arrière et renonça aux accords. Il fut bientôt suivi par le représentant de la Croatie, Mate Boban, et, par voie de conséquence, le programme ne fut jamais appliqué.[5]

En mai 1993, le secrétaire d'État américain Cyrus Vance et l'ex-secrétaire aux Affaires étrangères britannique Lord David Owen, et respectivement les représentants des Nations Unies et de la Communauté européenne, signèrent le plan Vance-Owen, qui recommandait la division de la Yougoslavie en dix provinces. Cette

---
5. Emil Vlajki, *The New Totalitarian Society and the Destruction of Yugoslavia,* Legas Press, New York, NY, 1999.

fois encore, l'Europe devait aider la Yougoslavie à résoudre ses problèmes économiques et politiques. Owen déclara publiquement que Washington avait sapé les accords après qu'ils eussent été négociés. L'attitude des États-Unis n'est compréhensible que si nous nous référons au Defense Planning Guide du Pentagone (1992), déjà cité : « Nous devons nous efforcer de prévenir l'émergence d'un dispositif de sécurité émanant uniquement de l'Europe qui nuirait à l'Otan. »

Les accords de Dayton (1995), supposés être la pièce maîtresse de la diplomatie dans les Balkans, ressemblaient pour l'essentiel aux deux autres accords de paix, à part le fait qu'ils devaient être mis en œuvre par l'Otan. Ils prévoyaient que la Bosnie-Herzégovine soit divisée en deux parties : la Fédération musulmane croate et la République serbe. Le FMI reçut le pouvoir de nommer un directeur à la tête de la Banque centrale de Bosnie, et la Banque européenne pour la reconstruction et le développement reçut l'ordre de vendre les biens de l'État et de restructurer le secteur public. *Newsweek* du 4 décembre 1995 déclarait que, selon les termes de l'accord, les forces de l'Otan menées par les États-Unis auraient quasiment les pouvoirs d'une puissance coloniale en Yougoslavie, offrant ainsi à l'Amérique l'occasion de s'implanter en Europe comme jamais auparavant.

Pendant ce temps, les tensions entre Serbes et Albanais s'amplifiaient au Kosovo, une partie de la Serbie au passé tumultueux. Dans cette province, les Albanais surpassaient en nombre les Serbes dans un rapport de neuf contre un, et le Kosovo jouissait d'une large autonomie depuis une quinzaine d'années. Pourtant, la Serbie l'en déposséda en 1989. Quand elle se joignit au Monténégro en 1992 pour s'autoproclamer « République fédérale de la Yougoslavie », elle ne prit pas en compte le désir d'autonomie du Kosovo. À cela s'ajouta le fait que la province était l'une des régions les plus pauvres de la Yougoslavie et souffrait maintenant du manque de transfert de fonds et de toute aide internationale.

La Planète Terre, ultime arme de guerre

En 1998, le leader serbe Slobodan Milošević rencontra Richard Hollbrooke, l'envoyé spécial américain en Yougoslavie ayant négocié les accords de Dayton. Milošević accepta l'intervention d'une force de paix dans la zone, mais, au lieu de l'Otan, il choisit l'Organisation de sécurité et de coopération en Europe (OSCE), l'agence officielle régionale de sécurité qui dépendait de la charte des Nations Unies.[6] L'accord Hollbrooke-Milošević fut signé le 16 octobre 1998. Il autorisait deux mille représentants de l'OSCE à superviser la restauration de l'ordre.

Beaucoup considérèrent que le bombardement du Kosovo par l'Otan qui suivit fut responsable de l'échec de cette initiative de paix. De toute façon, d'autres facteurs existaient pour saper les efforts de recherche d'une solution pacifique.

La spirale infernale
Entre novembre 1998 et janvier 1999, l'OSCE envoya une force de contrôle de deux cents hommes non armés, peu rémunérés et mal encadrés. Leur nombre augmenta graduellement jusqu'à atteindre mille deux cents en mars 1999, mais il n'atteignit jamais les deux mille requis. Ces représentants de l'OSCE signalèrent avoir remporté quelques succès dans la résolution de conflits et le retour de réfugiés, mais c'était une cause perdue. Une force extérieure, qui n'était pas encore clairement identifiée, fournissait des armes aux rebelles kosovars, l'Armée de libération du Kosovo, la KLA, qui avait commencé à former une milice civile en 1997.

Selon Rollie Keith, membre canadien de l'équipe de contrôle de l'OSCE et directeur de l'agence de Polje au Kosovo (à proximité de Priština), la KLA devint totalement opérationnelle en janvier 1999 et commença à lancer des attaques contre les forces de sécurité serbes. Nul ne sait exactement qui leur fournissait des armes et les entraînait. « Cette guerre de faible intensité s'était transformée en une série d'incidents avec les forces de l'ordre qui, à leur tour,

---
6. Pour une histoire complète de l'OSCE, consulter le site web www.osce.org.

engagèrent des opérations musclées pour assurer la sécurité. L'une d'entre elles fut le massacre présumé de quelque quarante-cinq Kosovars albanais à Račak à la mi-janvier. »[7] Suite à cet événement, les enlèvements des membres des forces de sécurité serbes et les pertes humaines du côté gouvernemental augmentèrent de façon significative, ce qui conduisit à d'importantes représailles. Les forces de contrôle de l'OSCE se trouvèrent prises entre deux feux, souvent privées de l'encadrement et de l'entraînement adaptés pour faire face à cette escalade de violence. L'OSCE était composée de cinquante-quatre nations puissantes, y compris les États-Unis, la Grande-Bretagne et la Russie. On aurait pu accroître les forces de l'OSCE et les faire passer de 1 200 à 6 000 ou même 12 000 hommes. La Suède, qui n'était pas membre de l'Otan, montra l'exemple en envoyant du personnel formé à la résolution des conflits et connaissant la langue et la culture serbes, ainsi que l'histoire des hostilités et le nom des leaders dans la zone du Kosovo. Cinquante pour cent de cette délégation était des militaires en civil et sans arme, le reste étant des forces de police entraînées ou des cadres seniors venant d'organisations non gouvernementales. Peu d'autres pays furent aussi généreux, peu d'autres volontaires aussi bien préparés.

Selon Johan Galtung, spécialiste de la paix de renommée mondiale, la guerre aurait pu être évitée en se concentrant sur une diplomatie plus citoyenne et proche du terrain, « en participant à la vie des villages et en faisant appel à l'aide de volontaires. »[8] Pourquoi cet échec inexplicable de la part de nations en position de force ? Une partie de la réponse se trouve sans doute dans le mode de financement de l'OSCE : le budget alloué à l'Otan par ses dix-neuf États membres est mille fois supérieur au budget alloué à l'OSCE par ces mêmes pays plus trente-cinq autres. J. Galtung continue en expliquant qu'au milieu de la guerre civile, après février

---
7. Rollie Keith, *Failure of Democracy, The Democrat,* mai 1999.
8. Télévision suédoise, interview radio, Stockholm, 24 mai 1999.

1998, l'envoyé spécial des États-Unis, Robert Gelbard, déclara au gouvernement serbe de Belgrade que, selon le point de vue des États-Unis, les hommes de la KLA (Armée de Libération du Kosovo) étaient des terroristes ; cette déclaration ne servit qu'à encourager Milošević à supprimer les forces « rebelles ». Au lieu d'explorer de nouvelles solutions diplomatiques, cela permit à la situation de se détériorer davantage et de se transformer ouvertement en guerre civile.[9]

L'événement à l'origine de l'attaque de l'Otan contre la Serbie, le massacre de Račak, fut d'abord authentifié et médiatisé par William Walker, responsable américain de l'équipe de contrôle de l'OSCE. Il déclara avoir trouvé une tombe ouverte contenant les corps de Kosovars civils massacrés par les Serbes. Ce fait fut interprété comme la preuve du début du génocide.

Walker était alors le fondé de pouvoir très controversé de la mission au Honduras, à l'époque du scandale des Contras. Sans en avertir le Congrès, la CIA avait secrètement détourné les fonds provenant de la vente d'armes à l'Iran afin de financer les forces des Contras au Nicaragua et renverser le gouvernement sandiniste d'orientation marxiste. En 1985, Walker fut nommé secrétaire d'État adjoint des États-Unis pour l'Amérique centrale et adjoint spécial d'Elliott Abrams. Ce dernier et le lieutenant-colonel Oliver North étaient les membres principaux d'un Restricted Interagency Group (RIG) travaillant sur les problèmes d'Amérique centrale pour l'administration Reagan. Walker accompagnait fréquemment Abrams aux réunions du RIG et participait à la mise en œuvre des programmes qu'ils échafaudaient. En 1988, au cours de la mise en examen d'Abrams et de North par le conseiller indépendant Lawrence Walsh, Walker fut déclaré responsable d'avoir monté au Salvador une opération humanitaire bidon pour envoyer des armes, des munitions et des approvisionnements aux rebelles.

---

9. Johan Galtung, professeur des Études pour la Paix, Transnational Foundation for Peace and Future Research, Vegagatan 25, S-224 57 Lund, Suède.

Chapitre 1

Quand les soldats salvadoriens exécutèrent en 1989 six prêtres jésuites, leur intendante et sa fille âgée de quatorze ans, voici le commentaire de Walker lors de la conférence de presse : « Des problèmes de contrôle de gestion se présentent parfois dans ce genre de situation. » Bien que les États-Unis ne reconnussent jamais avoir plus de cinquante conseillers militaires au Salvador durant la période où Walker était en fonction, ce dernier organisa une cérémonie à Washington en 1996 en l'honneur des cinq mille soldats américains qui s'étaient battus secrètement au Salvador.[10]

Ce même Walker, qui avait recommandé au secrétaire d'État américain, James Baker, de ne pas compromettre les relations des États-Unis avec le Salvador en ouvrant une enquête sur la mort « aussi odieuse, fût-elle » des jésuites, demanda à l'Otan de déclarer la guerre à la suite du « massacre odieux » de Račak.

Le Monde et *Le Figaro*, deux journaux français respectés et de premier plan, ainsi que la télévision française nationale, publièrent des articles mettant en cause l'incident de Račak.[11] Ils dénoncèrent des incohérences dans le discours de Walker, l'absence d'éclats d'obus et de traces de sang dans les tranchées où les corps furent trouvés et le manque de témoins oculaires malgré la présence de journalistes et d'observateurs dans la ville pendant les combats entre les Serbes et la KLA. Aux États-Unis, seul le *Los Angeles Times* remit l'événement en question.[12]

Notre compréhension de la situation de pré-guerre au Kosovo est d'autant plus confuse que des opérations d'espionnage se

---

10. Bradley Graham, *Medals granted after Acknowledgement of US role in El Salvador*, Washington Post, 6 mai 1996.
11. *Les morts de Račak ont-ils vraiment été massacrés froidement ?*, Le Monde, 21/01/1999, p. 2 ; et *Kosovo : zones d'ombre sur un massacre*, Le Figaro, 20/01/1999, p. 3. Voir également l'excellente analyse de « l'échec » de l'OSCE : Diane Johnstone, *Making the Crime Fit the Punishment*, dans *Masters of the Universe ? NATO's Humanitarian Crusade*, édité par Tariq Ali, Verso, London, 1999.
12. Pour une compréhension d'après-guerre des événements qui eurent lieu à Račak, voir *Yugoslav Government War Crimes in Račak*, Human Rights Watch, 29 janvier 1999.

poursuivaient au sein même de l'OSCE. Care Canada, organisation humanitaire privée et non-gouvernementale (ONG), reçut trois millions de dollars d'une agence gouvernementale canadienne pour recruter des observateurs de l'OSCE, qu'ils amenèrent ensuite vers l'agence d'espionnage canadienne pour les entraîner et intervenir avant les bombardements de l'Otan. Care Canada ne démentit pas avoir ainsi fourni soixante espions.

La période d'observation de l'OSCE fut intense en « écoute » et « repérage » pour l'Otan. Les espions au Kosovo pouvaient fournir sur le terrain des renseignements concernant les mouvements de troupes et le minage des sols. Ce fut Malcolm Fraser, ancien Premier ministre australien et alors président de Care Australie, qui lança l'alerte auprès des membres de l'OSCE Canada, déclarant que cette violation de la neutralité traditionnelle de l'aide humanitaire mettait en danger tous ses intervenants. Stephen Wallace, officiel de l'Agence canadienne pour le développement international (Cida), agence qui avait fondé Care Canada, déclara que le gouvernement faisait souvent appel à des agences privées afin de trouver du personnel canadien pour des « programmes de paix » internationaux, un procédé parfois appelé « mission d'infiltration ». Alex Morrison, président du Centre Pearson pour le maintien de la paix (Canada), expliqua : « Au Centre Pearson pour le maintien de la paix, nous n'utilisons pas le terme de mission d'infiltration, mais de « mission réalité ». Nous entendons par là que civils et militaires doivent travailler ensemble pour utiliser au maximum toutes les ressources. »[13] Vouloir que des hommes s'engagent à résoudre des conflits pour prévenir la guerre et organiser dans le même temps l'espionnage pour obtenir des avantages militaires semble une énorme contradiction dans les termes.

À coup sûr, le portrait de la Yougoslavie juste avant la guerre était contrasté, et, tandis que les nations se disputaient sur la nécessité

---
13. Richard Foot et Patrick Graham, *Australians criticize CARE Canada for political work in Balkans*, National Post, 3 février 2000.

Chapitre 1

d'une intervention, beaucoup de ceux œuvrant pour la paix faisaient de réels progrès. Rollie Keith écrit :

> Depuis l'été précédent, dans la zone confiée à notre responsabilité, nous progressions pour faciliter la réinstallation d'un village désoccupé, et, dans le même temps, six autres villages allaient être abandonnés à cause des hostilités qui s'amplifiaient. Je cite un exemple de notre travail humanitaire : nous avions conduit des dizaines de séances de négociation avec les belligérants d'une part et les villageois déplacés de l'autre. Nous voulions créer un climat de confiance et de stabilité pour commencer à repeupler le village de Donje Grabovac.

Et il reconnaît sans conteste que lorsque la violence se déchaîna, il fut difficile de dire qui, des forces de sécurité serbes ou de la KLA, l'avait provoquée :

> Clairement, les provocations de la KLA, telles que j'en ai été témoin dans des embuscades dirigées contre les patrouilles de sécurité et qui provoquaient nombre de morts et de blessés, étaient ouvertement une violation des accords du mois d'octobre précédent. Les forces de sécurité ripostaient, et leurs contre-attaques et harcèlements consécutifs conduisirent à une guerre d'insurrection intensifiée, mais, comme je l'ai déjà affirmé précédemment, je n'ai jamais été témoin ni n'ai jamais eu connaissance d'aucun soi-disant incident de « nettoyage ethnique », ni d'aucune « politique de génocide » tant que je fus en mission de contrôle au Kosovo.[14]

L'accord de Rambouillet fut présenté comme la dernière tentative d'entente avec le président yougoslave Slobodan Milošević. Il donnait au Kosovo une très large autonomie et octroyait à la région

---
14. Rollie Keith, *Failure of Democracy*.

ses propres parlement, président, premier ministre, cour suprême et forces de sécurité. Toute l'armée serbe et les forces de police devaient être retirées, excepté sur une bande de cinq kilomètres le long de la frontière. Un point épineux se présentait toutefois : l'armée d'occupation de l'Otan, forte de 28 000 hommes, connue sous le nom de KFOR, était autorisée à « utiliser la force nécessaire pour assurer la conformité de la mise en application des accords » et recevait une totale immunité diplomatique vis-à-vis des lois yougoslaves. Bien que la délégation serbe fût prête à accepter ce pacte politique lors de l'entrevue qui eut lieu près de Paris le 10 mars 1999, elle n'accepta pas l'occupation militaire par l'Otan. Les Kosovars signèrent, mais, le 23 mars, le parlement serbe rejeta les accords. Le 24, malgré l'opposition internationale, les bombardements de l'Otan commencèrent.

Soixante-dix-neuf jours d'horreur
La Serbie réagit contre les Albanais du Kosovo sous l'effet de la colère et du désir de vengeance, après qu'ils eurent signé le traité de Rambouillet. Si le Kosovo, de même que la Yougoslavie, l'avait rejeté, l'Otan n'aurait pas pu intervenir. En mars 1999, le ministre des Affaires étrangères norvégien, Knut Vollebaeck, à la fois président en exercice de l'OSCE et représentant norvégien au conseil d'administration de l'Otan, ordonna le départ de l'OSCE pour permettre à l'Otan de bombarder. Ce déchaînement de violence entraîna le nettoyage ethnique, le génocide des civils, la migration des réfugiés et toutes les terribles conséquences qu'engendrent la guerre, la colère, la haine et la peur.

L'information que les médias occidentaux donnèrent sur la guerre était sélective. Beaucoup d'erreurs de l'Otan furent vivement commentées, comme le bombardement de l'ambassade chinoise ou celui d'autobus civils, mais beaucoup d'autres désastres furent négligés : les nuages pétrochimiques libérés par les bombardements qui empoisonnaient les productions agricoles, unique source de

Chapitre 1

nourriture de la population, et la nappe de pétrole dans le Danube, qui menaça non seulement les eaux potables et d'irrigation, mais également l'absorption d'eau du réacteur nucléaire près de Belgrade. Les ponts dynamités pour réduire la mobilité des militaires supprimèrent du même coup l'approvisionnement des civils ; les coupures d'électricité affectèrent le fonctionnement des couveuses et autres équipements de survie dans les hôpitaux locaux.

L'une des pires dévastations fut provoquée par l'utilisation de bombes et de missiles à l'uranium appauvri (DU) par les forces de l'Otan.[15] Cependant, la guerre fut pratiquement terminée avant que les États-Unis admirent avoir utilisé de telles armes. Ces déchets radioactifs américains furent donnés gratuitement aux usines d'armement militaire. Utilisés dans les balles et les missiles, ils contaminent les champs de bataille en laissant derrière eux des débris radioactifs. Leur usage à grande échelle eut lieu pour la première fois lors de la guerre du Golfe.

On peut remonter le cours de l'histoire des armes à uranium appauvri jusqu'à 1943, ou même encore plus loin en prenant en compte les souffrances des mineurs tchécoslovaques dans les premières mines d'uranium. Dans un document du 30 octobre 1943, marqué « War Department, United States Engineer Office Manhattan District » (c'est-à-dire le code du projet Manhattan qui produisit la bombe atomique), se trouve une liste remarquable des utilisations des matériaux radioactifs comme armes de guerre (ce document fut déclassifié en 1974).

> La substance devait être réduite en particules microscopiques pour former de la poussière et de la fumée puis disséminée par des armes à feu posées au sol, des véhicules terrestres ou des bombes aériennes. De cette façon, elle serait inhalée par le personnel. La quantité nécessaire pour causer la mort en inhalant

---

15. *Depleted Uranium: A Post-war Disaster for Environment and Health,* Laka Foundation, Ketelhuisplein 43, 1054 RD Amsterdam, Pays-Bas, mai 1999.

la substance est très faible. On a estimé qu'un millionième de gramme s'accumulant dans le corps d'un homme serait fatal. Aucune méthode curative n'est connue pour prévenir le décès. Deux facteurs semblent accroître l'efficacité de la poussière ou de la fumée radioactives comme armes de guerre. D'une part, elles ne peuvent pas être détectées par les sens, d'autre part, elles peuvent être répandues en un nuage de particules si fines qu'il peut s'insinuer à travers le filtre d'un masque à gaz standard en quantité suffisante pour être extrêmement dangereux.

Parmi les usages envisagés pour de telles armes, se trouvait également « la possibilité de les utiliser contre de vastes agglomérations pour engendrer la panique et causer des morts parmi les populations civiles ». Ce document demandait la création immédiate d'un groupe de recherche à l'université de Chicago. Un jeune étudiant passionné, concentrant toute son énergie sur ce « problème », aurait-il pu imaginer que cinquante ans plus tard, des soldats américains reviendraient contaminés de la guerre du Golfe ?

Lorsqu'il est chauffé, l'uranium appauvri brûle à 3 000° C (comme la poterie cuite dans un four) et se transforme en aérosol de céramique d'uranium contenant des particules radioactives microscopiques. Ces dernières peuvent voyager loin de l'endroit où elles ont été libérées puis être inhalées. Elles demeurent dans le corps humain de nombreuses années, où elles irradient tous les tissus et organes autour du point où elles se sont fixées. Elles affectent également l'environnement, la faune et la flore. Dans une étude réalisée sur la base de l'Air Force d'Elgin, Wayne Hanson et Felix Miera pratiquèrent des analyses de sol à différentes distances d'une cible blindée frappée par des « particules pénétrantes d'uranium appauvri ». Des échantillons de végétaux contenaient 320 parties par million (ppm) d'uranium en 1974. Une année plus tard, ils en contenaient encore 125 ppm. De petits mammifères piégés

Chapitre 1

dans la zone étudiée présentaient « un maximum de 210 ppm d'uranium dans le contenu des voies gastro-intestinales, 24 ppm dans la peau et 4 ppm dans le restant de la carcasse ». En juin de l'année suivante, les concentrations maxima étaient de « 110, 5 et 2 ppm respectivement, avec 6 ppm dans les poumons », ce qui soulignait « l'importance du mécanisme de contamination engendré par les particules respirables en suspension dans les quelques millimètres au-dessus du sol ».[16] Comme les mines terrestres, ces armes continuent de causer des dommages très longtemps après la fin de la guerre.

Même la production et les essais d'armes à uranium appauvri peuvent poser des problèmes. À la suite des inquiétudes au sujet de taux excessifs de leucémie infantile à proximité de l'AWE Aldermaston[17], où les armes nucléaires et à uranium appauvri britanniques sont fabriquées et stockées, la base fut priée de contrôler et de circonscrire la poussière d'uranium dans les limites de son propre périmètre. Il en fut de même dans beaucoup d'autres sites du West Berkshire et du North Hampshire. Des études prouvèrent que les taux de poussière d'uranium sont même plus élevés à proximité des sites d'essais militaires qu'autour de la base d'Aldermaston.[18] La concentration en uranium dans l'air à laquelle est soumis le personnel une heure après des essais sur un champ de tir était 45 000 fois plus élevée que celle mesurée sur le site d'Aldermaston. Ce niveau excède les limites permises par le National Radiation Protection Board, d'un coefficient de 6,75, et il est illégal au Royaume-Uni.[19]

16. Wayne C. Hanson et Felix R. Meira Jr, *Long-term Ecological Effects of Exposure to Uranium*, Los Alamos Scientific Laboratory, juillet 1976.
17. AWE pour « Atomic Weapons Establishment », « Établissement d'armes atomiques ».
18. Richard L. Fliszar, Edward W. Wilsey et Ernest W. Bloore, *Radiological Contamination for Impacted Abrams Heavy Armour*, Rapport n° BRL-TR 3068, décembre 1989.
19. Les doses limites de radiations du Royaume-Uni sont établies par le National Radiation Protection Board et ont été citées dans le rapport annuel de l'entreprise britannique Atomic Weapons Establishment, Aldermaston.

Le Tribunal des droits de l'homme des Nations Unies adopta en 1996 et 1997 des résolutions classant les armes à uranium appauvri parmi les armes de destruction massive, incompatibles avec les lois humanitaires internationales ou des droits de l'homme.[20] La question de leur utilisation est actuellement débattue à la fois au sein des Nations Unies et à la Cour internationale de Justice. Les soi-disant « bombardements de précision » sont une farce cruelle quand on utilise de l'uranium appauvri, car sa dispersion est incontrôlable. Le Tribunal des droits de l'homme nomma Clemencia Forero de Castellanos, une déléguée colombienne, rapporteur d'une étude complémentaire sur l'uranium appauvri et les autres armes de destruction massive. Il semble que, jusqu'à présent, elle n'ait pas publié ses conclusions. Étant donné sa nomination au gouvernement de Colombie, des critiques suggèrent qu'il conviendrait peut-être qu'elle transmette la tâche à un autre rapporteur.

Après les soixante-dix-neuf jours de bombardements sur le Kosovo, les réfugiés ne désiraient qu'une seule chose : retourner dans leur maison. Quoique le ministre de la Défense britannique avertît son propre personnel des possibilités de contamination par l'uranium appauvri, il ne prit pas la peine d'informer les réfugiés :

> Le personnel du ministère de la Défense en mission au Kosovo fut mis en demeure de séjourner en dehors des zones touchées par les armes à uranium appauvri, à moins de porter une tenue complète de protection contre les rayons radioactifs. Cependant, les réfugiés qui rentrent chez eux n'ont pas été alertés des périls de leur retour dans des zones hautement contaminées, étant donné que le ministre de la Défense rejette la responsabilité de les avertir sur les secouristes des Nations Unies. Quand il fut interrogé sur l'existence d'une réponse coordonnée de l'Otan concernant les réfugiés de retour et les

---

20. Rapport du Secrétaire général de l'ONU, Document n°E/CN.4/Sub.2/1997/27, publié le 24 juin 1997.

Chapitre 1

équipes locales de reconstruction, qui les avertissent d'éviter les zones contaminées par l'uranium appauvri, un porte-parole du ministère de la Défense déclara : « Il n'existe pas de politique spécialement réexaminée au sujet de l'uranium appauvri. Ce serait du ressort de l'Otan d'en coordonner la mise en place. Nous suivrons et adhérerons à toutes leurs directives. »[21]

Évaluation des dommages

À la suite de l'intervention de Mikhail Gorbatchev et de la Croix verte internationale, le conflit du Kosovo fut le premier à bénéficier d'une inspection internationale de l'environnement par une agence des Nations Unies, le Programme des Nations Unies pour l'environnement ou PNUE. Deux agences des Nations Unies, le PNUE et le Programme des Nations Unies pour les établissements humains, envoyèrent une délégation en Serbie et au Monténégro en juin 1999. À leur retour, ils tinrent une conférence à laquelle participaient à la fois des organisations gouvernementales et non gouvernementales. C'est ainsi que fut formée la Balkan Task Force of Environment and Human Settlements (BTF). Greenpeace, le Fonds mondial pour la nature (WWF), la Croix verte internationale et la Commission du Danube se joignirent au BTF. L'équipe était dirigée par le sous-secrétaire général de l'Onu, Sergio de Mello. Le *Boston Globe* publia un compte-rendu de la mission le 6 août 1999 :

> Les bombardements des sites industriels de la Yougoslavie par l'Otan ont contaminé le Danube et les nappes phréatiques dans certaines parties de la Serbie et du Kosovo, ce qui présente des risques de santé pour un certain nombre d'années. « Nous avons constaté que dans beaucoup de ces zones visées, il y a de graves conséquences environnementales et, probablement aussi, sanitaires. »[22]

---

21. Felicity Arbuthnot, *Depleted Uranium Warning Only Issued to MoD Staff*, Sunday Herald, 1er août 1999.
22. *The Boston Globe*, 6 août 1999, A1. La citation est de Pekka Haavisto, chef de

Selon le Communiqué n° 70 1999 des Nations Unies :

> Un grand nombre d'équipements industriels civils (plus de quatre-vingts) furent attaqués et détruits durant les raids aériens de l'Otan. Les dommages causés aux raffineries de pétrole, aux dépôts de carburant et aux usines d'engrais et de produits chimiques, de même que les fumées toxiques dégagées par d'énormes incendies et les fuites de produits chimiques dangereux dans le sol et la nappe phréatique, contribuèrent à l'élévation du niveau de pollution environnementale, non encore évaluée, dans certaines zones urbaines, ce qui aura à son tour des effets négatifs sur la santé et les systèmes écologiques.

La mission inspecta Pancevo, à quinze kilomètres au nord-est de Belgrade, où la destruction d'une usine pétrochimique avait causé la libération de différents produits chimiques (chlorure de vinyle, chlore, bichlorure d'éthylène, propylène) dans l'atmosphère, l'eau et les sols. Beaucoup de ces composés peuvent provoquer des cancers, des fausses couches et des malformations du nouveau-né. D'autres sont associés à des maladies mortelles des nerfs et du foie.

> Les polluants qui ont été libérés pourraient aussi avoir, à court et à long terme, un effet négatif sur la chaîne alimentaire. Le manque de substances protectrices, ainsi que d'engrais, mettraient aussi en danger la survie de certaines plantes. Il se peut que le sol, les rivières, les lacs et les nappes d'eau souterraines soient pollués à cause de l'épandage de produits pétrochimiques, du déversement de pétrole et autres produits chimiques. Les autorités locales ne peuvent entreprendre une décontamination et réhabilitation de l'environnement de façon sûre, car elles en sont empêchées par le manque de matériel et d'équipement.[23]

---

l'une des équipes environnementales des Nations Unies.
23. Communiqué de presse des Nations Unies n° 70, 1999.

Chapitre 1

Il faudra de nombreuses années avant que toutes les conséquences des destructions en ex-Yougoslavie soient connues. Quand le rapport final de l'inspection environnementale fut publié, l'Otan délivra pour la première fois des informations sur l'usage qu'elle faisait de l'uranium appauvri. Dans une lettre du 7 février 2000, le secrétaire général de l'Otan, Lord Robertson, confirma au secrétaire général des Nations Unies, Kofi Annan, ce qui suit :

> Un total d'approximativement 31 000 décharges de munitions à l'uranium appauvri fut utilisé par les opérations des forces alliées. Le centre principal de ces opérations est situé dans la partie ouest de l'axe routier de Peć-Đakovica-Prizren, dans la zone autour de Klina, dans celle autour de Prizren et dans la région au nord de la ligne qui joint Suva Reka à Uroševac. Cependant, beaucoup de missions utilisant de l'uranium appauvri ont également eu lieu en dehors de ces zones. Il est actuellement impossible de situer avec précision les endroits où les munitions à uranium appauvri ont été utilisées. Vous trouverez ci-joint une carte qui vous donne la meilleure information possible sur la localisation des lieux où les armes à uranium appauvri ont été utilisées.

Cette carte était nécessaire à la mission du Comité d'investigation pour qu'il puisse prélever dans l'environnement des échantillons de résidus d'uranium appauvri. Cependant, aucun échantillonnage ne fut entrepris, car l'Otan ne donna ses informations que beaucoup trop tard.

Les implications légales
Après les bombardements, seules les destructions visibles, causées tant par les forces serbes que par celles de l'Otan, dominèrent le débat. Les conséquences à long terme, plus difficiles à identifier,

comme la contamination du sol, de l'air et de l'eau, passèrent inaperçues. Du point de vue populaire, de multiples reportages télévisés se concentrèrent sur les « dimensions humanitaires », tout particulièrement sur les conditions pitoyables des camps de réfugiés. Que les populations aient souffert était indiscutable, mais l'Otan voulait persuader le public qu'il agissait dans le respect des lois humanitaires. Ironiquement, selon un article de Richard Norton-Taylor dans le *Guardian Weekly* du 13 janvier 2000, Human Rights Watch, une ONG de New York, accusa l'Otan d'avoir bombardé délibérément les infrastructures civiles de la Serbie et d'avoir utilisé des bombes à fragmentation, en violation directe des lois humanitaires.

Les bombardements du Kosovo soulevèrent de nombreuses et importantes questions concernant les mécanismes et l'application des lois internationales, ainsi que les limites de juridiction. Comme nous l'avons déjà signalé, l'Otan intervint sans l'autorisation des Nations Unies. Les États-Unis, suivis par d'autres pays de l'Alliance, réussirent à convaincre la communauté internationale qu'il était impossible de porter la question de la Yougoslavie devant le Conseil de sécurité des Nations Unies, car la Russie et peut-être la Chine bloqueraient toute action en opposant leur veto. Il existait pourtant d'autres options : les États-Unis, le Royaume-Uni et le Canada, pays membres de l'Otan, ainsi que la Russie, l'Irlande, la Suède et la Suisse, qui n'en font pas partie, sont tous membres de l'OSCE, où il n'y a pas de droit de veto. De plus, en 1950, afin d'atténuer la portée du droit de veto des cinq puissances nucléaires, les Nations Unies prirent une nouvelle disposition : chaque fois que ce droit de veto serait utilisé, le secrétaire général pourrait convoquer dans les 48 heures une réunion d'urgence de tous les membres de l'Assemblée générale. Par conséquent, l'Otan disposait au moins de deux autres possibilités pour obtenir l'approbation de son plan d'action.

Afin d'essayer de stopper les bombardements, la République fédérale de Yougoslavie fit appel à la Cour internationale de Justice

Chapitre 1

pour qu'elle émette une injonction. Je m'y rendis le jour où devait être communiquée la réponse aux dossiers déposés séparément contre douze membres de l'Otan. La plupart d'entre eux affirmaient que la République fédérale de Yougoslavie n'était pas le même pays que celui admis initialement aux Nations Unies et que, par conséquent, elle n'avait plus d'existence légale devant la Cour. Finalement, lorsqu'elle prononça son jugement le 2 juin 1999, elle déclara qu'il n'existait pas de juridiction lui permettant de trancher le dossier. Ce que je trouvai particulièrement ironique, c'est que la Yougoslavie, qui avait payé ses droits d'adhésion en bonne et due forme, se voyait remettre en question son appartenance aux Nations Unies par l'État américain qui avait, lui, de sérieux arriérés. De plus, en acceptant ses droits d'adhésion, les Nations Unies avaient tacitement reconnu la République fédérale de Yougoslavie comme successeur légal de la Yougoslavie. Dès lors, son statut en tant que membre des Nations Unies n'était pas à remettre en cause.

> L'examen plus approfondi de la question de la juridiction aura lieu par la suite. En conséquence, la Cour demeure saisie de ces dossiers et réserve la procédure subséquente pour une décision ultérieure. La Cour exprime sa considération et son profond souci « pour la tragédie humaine, les pertes de vies et l'énorme souffrance du Kosovo qui constituent la toile de fond » du différend et « pour les pertes de vies et la souffrance humaine qui se poursuivent partout ailleurs en Yougoslavie ». Elle manifeste sa profonde inquiétude concernant l'usage de la force en Yougoslavie, ce qui « dans les circonstances présentes... soulève de très sérieux problèmes de loi internationale », et souligne le fait que « toutes les parties doivent agir en conformité avec leurs obligations vis-à-vis de la Charte des Nations Unies et des autres règlements du droit international, y compris les lois humanitaires ».[24]

---

24. Communiqué de presse de la Cour internationale de Justice 99/23, 2 juin 1999.

En s'arrogeant le droit de condamner, juger et punir la Yougoslavie, l'Otan établit un dangereux précédent justifiant le non-respect de la loi et le recours à la vengeance dans l'arène internationale. Ce danger est décuplé quand la Cour internationale ne se juge pas habilitée pour intervenir et que l'on considère les Nations Unies comme inutiles. Les actes de vengeance barbare que la Yougoslavie avait déclenchés contre les Albanais du Kosovo n'avaient, bien sûr, aucune justification, et le monde en fut scandalisé, mais j'espère que le lecteur est maintenant convaincu qu'il existe « une autre face » du conflit. La guerre fut largement couverte dans les médias sous l'angle d'une nécessaire intervention humanitaire. Cette approche supprimait les buts économiques et politiques de la guerre et masquait les dangers causés par l'usage que l'Otan faisait des armes de haute technologie. À chaque étape sur le chemin de la guerre, des alternatives viables s'étaient présentées, mais l'Otan réussit à convaincre le public que toutes les solutions avaient été envisagées et que toutes avaient été un fiasco.

Beaucoup des actions de l'Otan furent soumises officiellement au Tribunal des crimes de guerre de La Haye, en même temps que les crimes contre l'humanité attribués à la Serbie. Comme on s'y attendait, Carla Del Ponte, procureure des crimes de guerre, déclara le 2 juin 2000 au Conseil de sécurité des Nations Unies qu'il n'existait « aucune base » permettant d'ouvrir un procès contre le personnel de l'Otan, et bien que l'Otan eût commis quelques erreurs, elle s'estimait satisfaite, car, durant la campagne, il n'y avait eu aucun ciblage délibéré contre des civils ni aucun ciblage militaire illégal.[25]

---

25. Anthony Goodman, Agence de presse Reuters, *No War Crimes Probe into NATO Bombing*, *The Toronto Star*, 3 juin 2000.

Chapitre 1

La guerre des heures de grande écoute : l'Irak

Un soir, tandis que je rejoignais mon domicile après le travail, j'entendis des jeunes parler de la guerre du Golfe. Nous étions en mars 1991, elle avait débuté au mois de janvier précédent. Ils parlaient de rentrer chez eux pour regarder « la guerre des heures de grande écoute ».

Cette opération militaire ouvertement montée commença après l'invasion irakienne du Koweït, le 2 août 1990, mais les tensions qui l'avaient provoquée pouvaient être décelées dès les années 30, quand la Grande-Bretagne, la France et les États-Unis dominaient la péninsule Arabique et ses réserves de pétrole. Les principaux acteurs de ce commerce étaient cinq compagnies américaines : Exxon, Mobil, Chevron, Texaco et Gulf, plus la Royal Dutch Shell et la Anglo-Persian Oil Company, future BP. Elles étaient surnommées les « sept sœurs » et contrôlaient les raffineries, les pipelines, les tankers et la production de pétrole brut dans le monde entier.

La politique, le pétrole et la guerre ont toujours été intimement liés. Lorsque l'Iran nationalisa son industrie du pétrole en 1951, les gouvernements américain et britannique soutinrent le coup d'État qui devait renverser le Premier ministre et le remplacer par le Shah. L'Iran dépensa ensuite des milliards de dollars pour acheter de l'armement américain et devint dans la région le principal distributeur des produits américains. En 1972, quand le gouvernement irakien nationalisa la Iraqi Petroleum Company, le président Nixon commença à armer le peuple kurde pour essayer de déstabiliser le régime. Puis, lorsque l'Irak se mit d'accord avec l'Iran en 1975 pour partager le Chatt-el-Arab, élément vital des infrastructures commerciales, les États-Unis cessèrent brutalement de soutenir les Kurdes. Après la chute du Shah en 1979 et l'accession au pouvoir de l'ayatollah Rouhollah Khomeini, ils se tournèrent vers l'Irak et ne virent aucun inconvénient à ce que ces derniers attaquent l'Iran en 1980, pour une guerre qui devait durer huit ans. À la suite de ces événements et de la prise de l'ambassade américaine de Téhéran par des terroristes, les États-Unis, la Russie, l'Arabie saoudite, le Koweït et la plupart des émirats arabes fournirent aide et assistance militaires à l'Irak. Pour compliquer la situation, l'Amérique vendit secrètement des armes à l'Iran en 1985 et 1986, donnant lieu à ce qui devint le scandale des Contras (cf. Chapitre 1, *La Spirale infernale*). C'est lorsque la guerre entre l'Iran et l'Irak prit fin que la propagande contre Saddam Hussein commença.

Pendant les soixante-quinze ans au cours desquels les Occidentaux dominèrent le Golfe, les États-Unis et la Grande-Bretagne ne manifestèrent jamais de grand intérêt pour les valeurs démocratiques, les droits de l'homme ou la justice sociale ; quand cela put servir leurs intérêts, ils n'hésitèrent pas à prendre parti pour l'Irak et à soutenir sa violente agression contre l'Iran, ignorant les terribles attaques du régime contre son propre peuple et le faible bilan des droits de l'homme.[26] La volte-face de la politique des États-Unis en 1990 et leur mobilisation d'autres pays contre l'Irak étaient liées, de toute évidence, à leurs besoins en pétrole. En effet, la production domestique avait baissé pendant les années 80 et les experts prédisaient que leurs importations pétrolières en provenance du Golfe, qui se montaient à 5 % en 1973, atteindraient 10 % en 1989 et jusqu'à 25 % en l'an 2000.[27] Cette dépendance vis-à-vis du pétrole du Golfe était encore plus accentuée pour l'Europe et le Japon.

Peut-être y avait-il aussi le désir de tester la nouvelle doctrine militaire appelée « le combat air-terre » ? En tant qu'« exercice logistique », la guerre du Golfe, concentrée sur quarante jours de combats effectifs, fut comparée à une deuxième bataille de Normandie.

---

26. Témoignage de Ramsey Clark, ancien procureur général, mai 1991, dans la Commission d'enquête du Tribunal international pour les crimes de guerre, New York.
27. Déclaration faite en 1989 par William Webster, directeur de la CIA, devant le Congrès des USA.

Chapitre 1

Pendant les années 80, l'Arabie saoudite engloutit cinquante milliards de dollars pour créer un système de défense aérien couvrant tout le Golfe et répondant aux spécifications de l'Otan. En 1988, le US Army Corps of Engineers y construisit, pour un montant de quatorze milliards de dollars, un réseau de cantonnements militaires à travers tout le pays. Ces ouvrages furent étendus afin d'abriter un large déploiement de troupes, tandis que les Irakiens se massaient à la frontière du Koweït, prêts à attaquer.[28] Dès le début de 1990, avant que l'Irak n'envahisse le Koweït, le général Schwarzkopf informa le US Senate Armed Services Committee de la nouvelle stratégie militaire conçue pour protéger l'accès et le contrôle du pétrole du Golfe en cas de conflit régional. Cette technique, incluant une sorte de guerre éclair (Blitzkrieg), avait été élaborée pendant la guerre froide afin de repousser l'invasion de l'Europe centrale par les tanks soviétiques. Cette stratégie comprenait l'utilisation à grande échelle et pour la première fois d'armes de guerre à l'uranium appauvri.[29]

Il est maintenant établi qu'antérieurement à la guerre du Golfe, le Congrès avait accordé des centaines de millions de dollars de subventions sous forme de prêts agricoles à l'état irakien. Ils devaient bénéficier aux fermiers américains puisque les Irakiens s'engageaient à acheter leur riz, leur maïs, leur blé et toute autre denrée de base presque exclusivement aux États-Unis. Ces subventions furent brutalement interrompues lorsque le président Bush imposa un embargo économique sur l'Irak.

Imposer des sanctions sur les produits de base tels que les denrées alimentaires frappe toujours les populations civiles en premier lieu, et durement. Le blocus américain sur les ventes de nourriture provoqua de graves pénuries en Irak et fit naître des troubles internes. Pour autant, les fabricants d'armes américains ne stoppèrent pas leurs ventes immédiatement. Le 27 octobre 1992, la Chambre des Représentants apprit que les sociétés américaines,

---

28. William Thomas, *Bringing the War Home,* Earthpulse Press, Anchorage, AK, 1998, Ref. no. 29, pp. 16-17.
29. Témoignage de Ramsey Clark, op. cit.

avec le consentement de l'agence gouvernementale, de même que les sociétés d'autres pays de l'Otan, avaient exporté vers l'Irak des produits chimiques, biologiques, nucléaires et des composants de missiles jusqu'en 1989. Les quantités en provenance des États-Unis étaient significatives – par exemple, 5 700 litres d'anthrax et 39 tonnes de produits de guerre biologique. Ces derniers étaient fabriqués à Boca Raton, en Floride, et les composants des missiles Scuds provenaient de Pittsburgh, dans le Connecticut. Encore plus étonnant, quand l'Irak fut dans l'incapacité de payer certains de ces équipements militaires, c'est le contribuable américain qui dut régler la facture.[30] La Russie, la France, le Royaume-Uni et l'Allemagne fournirent également des armes à l'Irak dans les années 70 et 80, en dépit du fait que ce pays était considéré comme possédant la quatrième plus grosse armée au monde et un danger manifeste pour ses voisins.[31]

Les ventes d'armes rapportent de l'argent mais ne confèrent pas nécessairement les compétences militaires à ceux qui les achètent. Quand un pays vend un système d'armement à un autre, ses sociétés peuvent ensuite obtenir des fonds de leur gouvernement pour créer un contre-système. Cela permet de maintenir bien huilée la machine militaire. L'armée irakienne était puissante mais le matériel que lui avaient vendu les Occidentaux ne constituait pas une menace pour les pays de l'Otan, car ils avaient déjà développé leurs moyens de défense. L'armée irakienne constituait cependant un problème considérable pour les pays proches et la minorité kurde.

Les préparatifs de guerre
Le Koweït ne fut pas vraiment surpris par l'invasion irakienne. L'Irak avait fait appel à la fois au Koweït et à l'Arabie saoudite pour se libérer de ses emprunts de guerre à l'étranger, et des accords furent

---
30. Le rapport Riegle pour le US Senate Committee on Banking, Housing and Urban Affairs, 25 mai 1994 ; voir également William Thomas, *Bringing the War Home*, Annexe VII, p. 428.
31. Stockholm International Peace Research Institute ARMS Transfer Project.

Chapitre 1

envisagés en ce sens, ainsi que pour régler un différend de longue date au sujet des frontières. Le traité devait être signé à Djeddah le 3 août 1990. Lorsque le roi Hussein de Jordanie conseilla vivement au Koweït de poursuivre ces accords, le ministre des Affaires étrangères répliqua : « Nous n'avons pas l'intention de donner suite aux propositions de l'Irak. Si cela ne leur plaît pas, qu'ils occupent notre territoire. Nous ferons appel aux Américains. »[32]

Selon le *Guardian Weekly* du 13 janvier 1991, qui obtint la transcription irakienne de l'entrevue, l'ambassadrice américaine April Gilespie rencontra Saddam Hussein le 25 juillet, une semaine avant l'invasion du Koweït. Le département d'État américain ne démentit pas l'exactitude de ce document. Quand Saddam Hussein lui expliqua que « l'Irak ne pouvait pas accepter la mort face à la guerre économique et à l'action militaire menées par le Koweït », elle omit de le prévenir que les États-Unis s'opposeraient à une invasion irakienne. Elle déclara par la suite qu'elle « avait ordre direct du président de chercher à établir de meilleures relations avec l'Irak ».[33] Quatre jours avant l'invasion, le Sénat rapporta que la CIA prédisait l'invasion au jour près. Deux jours plus tard, le secrétaire d'État assistant John Kelly assura lors d'une audition au Congrès que les États-Unis ne s'étaient pas engagés à défendre le Koweït. Aucune mesure ne fut prise pour repousser l'attaque.[34]

Les troupes irakiennes non seulement pénétrèrent au Koweït le 2 août 1990 mais progressèrent jusqu'à la capitale et prirent le contrôle du pays.

L'étape suivante fut d'essayer d'obtenir le soutien des nations arabes voisines. Le 3 août, le président Bush dépêcha le secrétaire Cheney, le général Powell et le général Schwarzkopf en Arabie saoudite. Ils déclarèrent au roi Fahd que, selon l'avis des États-Unis, Saddam Hussein pouvait attaquer son pays en moins de

---

32. William Thomas, op. cit., p. 19.
33. *Ex-US Envoy Misled US on Saddam, Baker told*, *Toronto Star*, 12 juillet 1991, A3, Washington (Special) tiré à part du *Los Angeles Times*.
34. John Pilger, *Mythmakers of the Gulf War*, *Guardian Weekly*, 13 janvier 1991.

48 heures, annulant ainsi tout espoir d'une résolution du problème par les pays arabes. Le président Bush envoya rapidement 40 000 soldats américains en Arabie saoudite, suivis par 200 000 autres, mais il attendit que soient passées les élections de novembre pour le notifier au Congrès. En octobre 1990, le général Powell fit référence au nouveau plan militaire préparé en vue de la guerre contre l'Irak.[35]

Selon Ramsay Clark, ex-ministre de la Justice américaine, les États-Unis entreprirent alors des manœuvres auprès du Conseil de sécurité des Nations Unies pour leur faire prendre une série de résolutions sans précédent contre l'Irak. Le 29 novembre, ils obtinrent en particulier une résolution qui autorisait n'importe quelle nation « à utiliser tous les moyens nécessaires pour faire respecter ces résolutions » :

> Les États-Unis payèrent des milliards et des milliards de dollars de pots-de-vin, offrirent des armes pour des conflits locaux, proférèrent des menaces de représailles économiques et en mirent à exécution, effacèrent des milliards de dollars de dettes, offrirent leurs relations diplomatiques en dépit de violations des droits de l'homme, et par d'autres voies obtinrent des votes corrompus, créant ainsi l'apparence d'une approbation internationale quasi générale de la politique américaine envers l'Irak.[36]

L'Irak devait se retirer du Koweït avant le 15 janvier, sinon en assumer les conséquences.

La propagande joue un rôle vital dans toute guerre, et la question suivante fut comment gagner le soutien des peuples américain et européen. Une organisation américaine anonyme appelée « Citizens for a Free Kuwait » fit appel aux services du prestigieux cabinet de

---
35. Témoignage de Ramsey Clark, op. cit.
36. Ibid.

relations publiques Hill Knowlton pour développer des programmes qui emporteraient l'adhésion populaire en faveur d'une attaque de l'Irak par les Nations Unies. Selon Hill Knowlton, « le président Bush fut tenu informé du déroulement de ce qui était entrepris ». C'est cette firme qui médiatisa dans le monde entier l'histoire des soldats irakiens arrachant des nouveau-nés de leur couveuse après s'être emparés brutalement des hôpitaux koweïtiens.[37] Ces affirmations furent discréditées lorsqu'on découvrit par la suite que le témoin principal n'était autre que la fille de l'ambassadeur du Koweït aux États-Unis.

Pendant ce temps, le ministre de la Défense britannique transmettait aux journalistes la liste des « informations non-communicables » : aucune concernant le nombre de troupes, d'avions ou de tout autre équipement ; aucun nom d'installation ou de localisation spécifique des unités militaires ; aucune mention sur les opérations prévues ou les mesures de sécurité envisagées ; aucun détail sur les règles d'engagement ; aucune information sur le travail des services secrets. En un mot, les médias ne devaient recevoir que des informations « sûres », passées au crible du gouvernement et des autorités militaires.[38]

La réalité du terrain en Irak
La guerre du Golfe fut la première opportunité pour l'Otan de déployer ses forces en dehors de la scène européenne. Non seulement y participaient les États-Unis, la Grande-Bretagne, la France et le Canada, mais aussi une arrière-garde de 150 000 hommes en provenance de Turquie, avec l'aide d'une douzaine de pays arabes.[39] La Belgique, le Danemark, l'Allemagne, la Grèce, l'Italie, la Hollande, le Portugal et l'Espagne, tous envoyèrent

---
37. P. Young et P. Jesser, *The Media and the Military,* St Martin's Press, New York, NY, 1997, p. 2.
38. *Economies with Truth*, *Guardian Weekly*, 13 janvier 1991.
39. Thierry D'Athis et Jean-Paul Croizé, *Golfe : la Guerre cachée*, Jean Picollec, Paris, 1991

quelques navires et avions. L'organisation d'une pareille alliance fut considérée comme une réussite magistrale de la politique étrangère du président Bush.

Opération Tempête du Désert
Le bombardement systématique de l'Irak commença le 16 janvier 1991 à 18 h 30, heure universelle occidentale (2 h 30 à Bagdad) – juste à l'heure pour le journal télévisé de première partie de soirée aux États-Unis.

La guerre du Golfe donna l'occasion de tester pour la première fois des dizaines d'armes de haute technologie et un champ de bataille électronique parfaitement intégré. La « précision » de ces armes sophistiquées fut régulièrement démontrée au téléspectateur du soir. Des images comme celles d'un système de cibles laser alignées sur le toit du ministère de la Défense irakien, et une bombe laser de 900 kilos faisant exploser le bâtiment, donnèrent l'impression d'une guerre presse-bouton, lointaine et ne versant pas de sang. Une partie de cette « magie » se dissipa quand, le 16 avril 1991, le *New York Times* et le *Boston Globe* attaquèrent tous les deux « le mythe chirurgical de la guerre du Golfe ». Apparemment, seulement 7,4 % des bombes utilisées étaient du soi-disant « matériel téléguidé de haute précision ».

Il y eut plus de 110 000 raids aériens – au rythme de presque deux à la minute sur une période de six semaines – et plus de 88 000 tonnes d'explosifs furent larguées. On estima que la destruction avait atteint une ampleur équivalente à sept bombes d'Hiroshima. Après la guerre, les enquêteurs des Nations Unies donnèrent une description des dommages civils « proche de l'apocalypse ».

Les avions de la coalition ne rencontrèrent qu'une faible résistance, car la défense anti-aérienne et anti-missile de l'Irak n'était pas efficace. Les Scuds irakiens, dont on parlait tellement, étaient des missiles sol-sol prévus pour une pénétration à longue portée en territoire « ennemi » – l'Arabie saoudite ou Israël. Les bombardements de l'Otan visèrent principalement les centrales électriques, les équipements relais et de transmission ; les stations de traitement des eaux avec leurs pompes, leurs systèmes de distribution et leurs réservoirs ; les installations téléphoniques et de transmission radio, avec les relais ; les entrepôts et les marchés de traitement, stockage et distribution des denrées alimentaires ; les usines produisant des boissons, y compris les laits maternisés pour enfants ; les centres de vaccination du bétail ; les réseaux d'irrigation agricoles ; les voies ferrées ; les dépôts d'autobus ; les ponts d'autoroute ; les véhicules de transports publics ; les puits de pétrole, les pipelines, les entrepôts de stockage de pétrole, les stations-service, les réservoirs de kérosène ; les réseaux d'égouts, les évacuations des eaux usées et les usines de production civile (voitures, textiles, etc.). On estime que des milliers de civils moururent des suites de déshydratation, de dysenterie, de maladies causées par la contamination des eaux et l'impossibilité de recevoir une assistance médicale. Un plus grand nombre encore mourut de faim, de froid et du stress causé par l'état de choc, le manque de nourriture, les conditions sanitaires, l'état des logements et les autres nécessités de la vie.

Ramsey Clark, qui parcourut avec son équipe de cameramen plus de 3 000 kilomètres en Irak, du 2 au 8 février 1991, put constater l'ampleur des dégâts : « Aucune ville, aucune bourgade, aucune aire de stationnement le long des routes ne possédait plus d'eau courante, d'électricité, de téléphone ou suffisamment d'essence pour les transports. »[40] Son compte-rendu coïncidait avec ceux des autres témoins qui se rendirent en Irak après la fin de la guerre. Le docteur Ibrahim Al Moore, responsable du Croissant-Rouge pendant dix ans, qui livra des médicaments aux hôpitaux civils en Irak, estimait qu'au 6 février 1991, les morts civiles causées par les bombardements s'élevaient à 6 000 ou 7 000, sans compter les 6 000 décès dus aux eaux contaminées, au manque de

---

40. Ramsey Clark, *Toronto Star,* 18 février 1991.

médicaments et à l'insuffisance des approvisionnements en lait maternisé.[41]

On pense également que les usines de produits chimiques et peut-être celles d'armes biologiques furent détruites par les bombes. De toute évidence, la destruction de telles installations hautement toxiques revint à répandre ces produits dangereux dans l'environnement, faisant peser une menace sur les hommes et les animaux. On estimait que l'Irak avait en stock des milliers de tonnes de gaz moutarde, un agent provoquant de graves brûlures, qui fut utilisé pendant la première guerre mondiale. Ce gaz persiste dans l'environnement et l'on constata en France qu'il peut toujours brûler des personnes soixante-dix ans après son usage. Ces ingrédients chimiques et biologiques, une fois disséminés sans discrimination par l'explosion d'une bombe, pouvaient projeter des nuages toxiques sur des zones densément peuplées – y compris sur les troupes alliées.

Encore plus grave fut le bombardement après le 17 janvier 1991 des deux réacteurs nucléaires de recherche de l'Irak, car ils se situaient dans les faubourgs sud de Bagdad. Ils comprenaient un réacteur (thermique) de cinq mégawatts fourni par les Russes – les réacteurs nucléaires commerciaux ont une puissance d'environ 1 000 à 3 000 mégawatts thermiques – et un réacteur Tammuz-2 encore plus petit, de 0,5 mégawatt, fourni par la France. Au départ, l'Irak possédait trois réacteurs nucléaires. Le plus gros, situé sur le complexe d'Osirak, avait été détruit par Israël dans une « attaque préventive » en 1981, avant le chargement du combustible. Les deux plus petits étaient opérationnels et produisaient de la chaleur, de l'électricité et des marqueurs nucléaires à usage médical. Selon certaines sources, des déchets hautement radioactifs étaient également stockés sur le site. D'après les autorités militaires américaines, « les bombardements furent si précis que les réacteurs, en s'effondrant sur eux-mêmes, enfermèrent le combustible nucléaire et les sous-

---

41. Ibid.

Chapitre 1

produits de fission de façon étanche sous des tonnes de gravats. »[42] On se demande si cette histoire de parfaite étanchéité ne ressort pas plus au vœu pieux qu'au fait.

Beaucoup d'Américains et d'Européens pensèrent que l'Irak était attaqué pour l'empêcher de mettre au point des armes nucléaires, mais il en était totalement incapable. Les deux réacteurs de recherche utilisaient un total de 6 kilos de combustible enrichi à 80 % en uranium 235, ce qui était insuffisant pour fabriquer des bombes à uranium, car elles nécessitent un minimum de 22 kilos de combustible enrichi au moins à 95 %. Ils ne pouvaient pas plus fabriquer des bombes à plutonium, car il faut de l'uranium 238 pour générer le plutonium. Nous savons maintenant que l'Irak essayait de construire une usine pour produire de l'uranium enrichi, et ils auraient éventuellement pu l'enrichir eux-mêmes sans l'aide de la Russie ou de la France pour les fournitures, mais cela aurait demandé beaucoup d'années supplémentaires. Durant les inspections de novembre 1990, l'Agence internationale pour l'énergie atomique déclara que l'Irak avait justifié l'existence de tout son combustible nucléaire. Le pays avait également signé et était en conformité avec le Traité de non-prolifération nucléaire.

Opération Sabre du Désert
La guerre des tanks commença le 24 février, immédiatement après le bombardement intensif des positions irakiennes et l'assaut par hélicoptères le plus massif depuis la guerre du Vietnam. Les hélicoptères américains Apache AH-64, dits « tueurs de tanks », précédèrent directement les attaques au sol venant de l'est et de l'ouest. L'arsenal irakien comprenait essentiellement des tanks soviétiques de vingt ans d'âge, avec une portée de tir d'environ un kilomètre plus courte que celle des tanks alliés.[43] Et même quand

---
42. Extrait d'un document d'information préparé par les membres du Parlement canadien, Ottawa, 1er février 1991.
43. Norman Friedman, *Desert Victory:the War for Kuwait*, US Naval Institute, Annapolis, 1991.

les tanks irakiens étaient suffisamment près pour frapper un tank Bradley de l'Otan, l'effet était presque nul, car ces modèles étaient munis d'un blindage renforcé à l'uranium appauvri.

L'Irak ne possédait pas d'armes à l'uranium appauvri, mais on craignait qu'ils utilisent des armes chimiques contre les forces alliées. Le ministère de la Défense britannique pensait que le pays « pouvait posséder jusqu'à 100 000 obus d'artillerie chargés de produits chimiques et qu'ils en avaient stocké plusieurs tonnes près de la ligne de front ».[44] Cette peur était justifiée puisque c'étaient les Occidentaux qui exportaient ce matériel de guerre vers l'Irak.

Selon des sources bien informées, 30 000 Irakiens affamés et ahuris se rendirent au cours des deux premiers jours. Beaucoup des conscrits n'avaient que onze, douze ou treize ans et n'avaient reçu que six semaines de formation militaire avant d'être envoyés sur le front. Au moins quarante Irakiens essayèrent de rejoindre l'équipe de télévision de CNN pour se rendre. Ils avaient le ventre vide, étaient épuisés et en état de détresse. La plupart semblaient soulagés de se rendre.

Le long de ce qui a été appelé « la Route de l'enfer », là où les forces alliées pilonnèrent les soldats irakiens en retraite, s'alignaient plus de deux mille carcasses de véhicules et dix à quinze mille corps calcinés. La controverse continue de faire rage autour d'une attaque qui aurait eu lieu deux jours après le cessez-le-feu ; elle fit l'objet en 1991 d'une enquête par le US Army's Criminal Investigation Command. Les inspecteurs militaires, suite à une plainte anonyme et pour compléter un rapport secret, disculpèrent Barry R. Mc Caffery, chef de la 24e Division d'infanterie, qui avait continué à détruire les positions irakiennes alors que le cessez-le-feu était déclaré. Après sa réhabilitation, il reçut la 4e étoile de son grade de général, prit sa retraite et fut alors nommé par le président Clinton en tant que plus haut responsable du contrôle des drogues. Dans un long article du magazine *The New Yorker*, qui s'appuyait

---

44. Rapporté dans *The Times* et cité par William Thomas, op cit.

Chapitre 1

sur quelque deux cents interviews (y compris de membres de la 24ᵉ Division d'infanterie), Seymour M. Hersh[45], reporter d'investigation, remit l'incident à l'ordre du jour, ce qui souleva des questions sur les conclusions de l'enquête.[46]

Dwayne Mower, ingénieur de l'armée, identifia des tirs d'armes à l'uranium appauvri sur presque la moitié des milliers d'autocars, de camions, de voitures et de tanks qu'il découvrit sur l'autoroute. Il pensait alors que la radioactivité dont on parlait n'était qu'une rumeur, aussi lui et ses camarades ne se posèrent pas de question quand un camion de quarante tonnes, criblé d'impacts de tirs d'uranium appauvri, explosa accidentellement près de leur camp. D. Mower et la plupart des soldats du 651ᵉ Détachement de soutien commencèrent ensuite à éprouver d'étranges symptômes similaires à ceux de la grippe.[47]

Le long de l'autoroute, les effets furent infiniment plus sévères. Sur certains corps, les cheveux et les vêtements étaient carbonisés et la peau avait été calcinée par une chaleur si intense que les pare-brises des véhicules avaient fondu et s'étalaient sur les tableaux de bord. Des bombes antipersonnel à fragmentation, des bombes au napalm et des roquettes à sous-munitions avaient été utilisées. Des mini-bombes, appelées « Sadeyes », qui peuvent soit exploser au moment de l'impact, soit être programmées pour exploser ultérieurement, furent lancées via des missiles capables de répandre des éclats d'obus mortels sur une étendue égale à cent cinquante-sept terrains de football.[48]

---

45. NdÉ : Seymour M. Hersh fut l'un des tout premiers à révéler l'opération Popeye, qui consista à manipuler secrètement le climat au-dessus du Vietnam pendant la guerre afin d'affaiblir l'ennemi. Nous eûmes plusieurs échanges à ce sujet avec lui. Cf. *L'Arme climatique*, Patrick Pasin, Talma Studios, 2017.
46. Article de S. Hersh, *Overwhelming Force: Annals of War*, publié dans le numéro du 22 mai 2000 du magazine *The New Yorker* et examiné par Michael R. Gordon dans *Report Revives Criticism of General's Attack on Iraqis in ' 91*, New York Times, 15 mai 2000.
47. William Thomas, op cit, p 101.
48. Témoignage de Ramsey Clark, op cit.

Un document secret émanant des services du ministère de l'Énergie atomique, communiqué discrètement à un reporter du *Guardian*, établit le fait que les obus à uranium appauvri utilisés par les alliés dans la guerre du Golfe avaient laissé « au moins quarante tonnes de poussière radioactive sur les champs de bataille du Koweït et de l'Irak ».[49] Des cartes du Pentagone montrèrent ultérieurement que la plus grande partie du sud de l'Irak et du nord du Koweït était couverte par les retombées radioactives d'uranium appauvri. Durant un grave incendie sur la base de Doha, utilisée par l'armée américaine pour la guerre au Koweït, il y eut six heures d'explosions ininterrompues et des brasiers intenses dégageant suffisamment d'aérosols pour couvrir la quasi-totalité du champ de bataille. Il y avait un vent régulier de huit nœuds (15 km/h), qui repoussait la fumée et les débris en direction du sud sud-est.[50] On estime que des centaines de tonnes d'uranium s'accumulèrent sur les zones de combat, les carcasses de tanks et de véhicules. Encore pire, certains des obus contaminés furent emportés à la maison comme souvenirs. Les États-Unis affirmèrent qu'ils n'avaient aucune obligation légale de nettoyer le champ de bataille et, pour confirmer leur position, ajoutèrent : « Il ne semble pas que le Koweït ait signalé le traitement à long terme de matières dangereuses et radioactives dans les véhicules capturés. »[51]

À la fin de la guerre, onze tanks des forces de la coalitaion internationale avaient subi des dommages : quatre avaient sauté sur des mines et sept avaient été touchés par des tirs de canon. Aucun de ces dommages n'était sérieux. En revanche, on dénombrait environ trois cents morts, certains causés par ce qui est appelé « des tirs amis », y compris un incident assez incroyable au cours duquel

---

49. *Depleted Uranium – Deadly weapon, deadly legacy?*, Nick Cohen, *The Guardian*, 9 mai 1999.
50. Dan Fahey, *Case Narrative: Depleted uranium Exposures*, Swords to Plowshare, National Gulf War Resource Center and Military Toxics Project ; dernière mise à jour du 2 mars 1998.
51. *Health and Environmental Consequences of Depleted Uranium Use in the US Army*, US Army Environmental Policy Institute (AEPI), juin 1995, pp 83-4.

Chapitre 1

des forces américaines avaient tiré sur une unité britannique.[52]

L'estimation officielle des dommages du côté irakien était de 100 000 morts, 85 000 prisonniers, 100 000 déserteurs et plus de 300 000 blessés. Le nombre d'Irakiens tués n'a jamais été déterminé de façon exacte. Selon la première Convention de Genève, les armées ont le devoir de maintenir un service d'enregistrement des inhumations et d'échanger les « listes » après la guerre :

> Les Parties au conflit veilleront à ce que l'inhumation ou l'incinération des morts, faite individuellement dans toute la mesure où les circonstances le permettront, soit précédée d'un examen attentif et si possible médical des corps, en vue de constater la mort, d'établir l'identité et de pouvoir en rendre compte. ...
> Les Parties au conflit veilleront, en outre, à ce que les morts soient enterrés honorablement, si possible selon les rites de la religion à laquelle ils appartenaient, que leurs tombes soient respectées, rassemblées si possible selon la nationalité des décédés, convenablement entretenues et marquées de façon à pouvoir toujours être retrouvées.

Une fois la guerre du Golfe terminée, l'Otan ne communiqua jamais à la Croix-Rouge les noms des dizaines de milliers de morts, pas plus que l'emplacement des fosses – en fait, la Croix-Rouge n'obtint l'accès qu'à la sépulture de vingt-et-une personnes. C'est là l'un des mystères les plus dérangeants de la guerre du Golfe, en violation directe de la Convention de Genève de 1949.[53] De plus, personne ne peut estimer le nombre de morts et de maladies que cette guerre engendrera à long terme.

---

52. William Thomas, op cit, p 97.
53. Robert Fisk, *Iraqi Casualties Remain a Mystery*, The Independent News Service, dans le *Toronto Star*, 5 août 1991, A5.

Les suites de la guerre de quarante jours

Rich McCutcheon, coordinateur du Canadian Friends Service Committee, fut l'un des premiers étrangers à visiter Bagdad après cette courte guerre. Il accompagnait un convoi médical du Croissant-Rouge, qui arriva en Irak le 24 mars 1991 avec une tonne et demie de lait maternisé en poudre, une tonne et demie de produits pour injections intraveineuses et environ 20 000 $ de médicaments, dont pour les diabétiques, les enfants souffrant d'asthme et les malades cardiaques.[54]

D'après R. McCutcheon, le convoi rencontra des routes pour la plupart impraticables. Avec tous les moyens de communication détruits, les stations d'épuration d'eau hors d'usage, le réseau d'égouts anéanti et les transports publics paralysés, Bagdad n'était plus que ruines. Le combustible, la nourriture et même les soins médicaux avaient été rationnés. C'était encore pire à Kerbala, la cité sainte située à 88 kilomètres au sud-ouest de Bagdad. Là, R. McCutcheon se trouva face à la destruction totale : les deux derniers étages de l'hôpital s'étaient effondrés ; le matériel de radiologie et les réfrigérateurs où l'on conservait le sang avaient été détruits. Les bombardements alliés avaient engendré le trouble et la violence. On pillait et on se battait d'une maison à l'autre ; les habitations et les magasins étaient réduits en cendres. Les médecins, l'équipe médicale et les patients avaient été expulsés de l'hôpital que les forces opposées au gouvernement avaient transformé en place forte. Les malades qui pouvaient marcher s'enfuirent, ceux qui ne le pouvaient pas furent abattus. Les occupants jetèrent les lits par la fenêtre et détruisirent les ambulances de façon systématique et irrémédiable.

En 1991, l'Organisation mondiale de la santé et l'Unicef envoyèrent une mission pour rendre compte des besoins humanitaires de l'Irak. Le chef de la mission, Martti Ahtisaari, sous-secrétaire général de l'association Save the Children, rapporta que la population utilisait

---

54. Rich McCutcheon, *From Baghdad to Karbala: The Human Cost of War*, avril 1991, distribué à titre informel aux amis et aux citoyens concernés.

Chapitre 1

l'eau des fossés pour préparer les aliments et boire. Dans cette même eau, les enfants et les animaux se baignaient et l'on y faisait la lessive. Il n'y avait ni combustible, ni électricité pour la faire bouillir, pas plus que des comprimés pour la désinfecter. Comme l'été approchait et que les journées devenaient plus chaudes, les enfants avaient de plus en plus soif. En buvant cette eau polluée, ils attrapaient la diarrhée et se déshydrataient encore plus.

Sœur Ann Montgomery, de la Congregation of Sisters of the Sacred Heart, qui demeure à l'Aletheia School of Prayer à New York, est connue pour sa résistance de longue date à la politique de guerre nucléaire des États-Unis. En juillet 1991, elle se rendit en Irak : « Les enfants de Bagdad mendient un morceau de pain dans chaque maison, dans l'espoir de remplir un sac. L'un des sept ou huit hôpitaux pédiatriques a perdu trois cents enfants pendant un bombardement. Pendant quarante jours, ils sont restés sans eau, sans nourriture, sans électricité », déclara-t-elle.[55]

Elle aussi visita l'hôpital de Kerbala. Quatre mois après le passage de Rich McCutcheon, il n'y avait toujours pas de fournitures sanitaires ou de médicaments ; très peu de gaze ou d'anesthésiants pour la chirurgie ; des quantités insuffisantes d'insuline, de vaccins, de plasma sanguin et de produits pour injections intraveineuses. L'électricité n'était disponible que par intermittence, ce qui signifiait pas de laboratoire, pas de banque du sang, pas de mise en culture, pas de réfrigération, pas de stérilisation du matériel et pas de radiographie. Tous les vaccins, qui ne pouvaient être stockés dans des conditions convenables, devenaient inutilisables. Il n'y avait ni hémodialyse pour les patients souffrant des reins, ni sels de réhydratation orale, ni lait maternisé.

Bien que la ville de Mossoul n'ait pas été une cible militaire, son église, son école et les quartiers pauvres avaient été bombardés, un pâté de maison après l'autre. Presque toutes les familles

---

55. Ann Montgomery, *Irak: The Suffering Continues*, dans *Ground Zero*, hiver 1991-1992.

avaient perdu au moins l'un des leurs. Le jour avant l'arrivée d'Ann Montgomery, quatre squelettes venaient d'être retirés des décombres de l'école élémentaire catholique syrienne où une famille de Bagdad avait trouvé refuge.

L'Irak devint le pays des émeutes et de la faim, que les bombardements avaient réduit à une civilisation préindustrielle en l'espace de quarante jours. Le chômage monta à 70-90 %, tandis que le coût de la vie bondissait. Le taux de criminalité, l'éclatement des familles, les maladies psychiatriques augmentèrent. Il y eut aussi une montée importante de la malaria, des diarrhées, des gastro-entérites, des méningites et des hépatites A. Selon l'article d'Ann Montgomery, quelques cas de choléra et de typhoïde furent également signalés. La destruction des infrastructures du pays fut encore aggravée par les sanctions radicales que les Nations Unies imposèrent après la guerre.

En septembre 1991, un médecin canadien, Eric Hoskins, coordonna une équipe d'étude internationale à l'initiative de l'Unicef, de la Fondation MacArthur, du John Merck Fund et d'Oxfam-UK. L'équipe visita les trente plus grandes villes irakiennes et les zones rurales de toute la région. Des études approfondies furent menées concernant la nutrition et la mortalité infantiles, les conditions sanitaires, les équipements électriques, les approvisionnements en eau, l'évacuation des déchets, l'environnement et l'agriculture, les revenus et l'économie, la psychologie infantile et la condition féminine. L'équipe constata que, quoique la guerre fût terminée, l'extermination du peuple irakien continuait : la mortalité infantile avait augmenté d'environ 380 %. Il faut rappeler qu'en Irak, avant la guerre, 45 % de la population avait moins de quinze ans, donc les sanctions affectaient d'abord les enfants. « Les sociétés civilisées ne peuvent poursuivre Saddam Hussein en supprimant l'insuline aux adolescents diabétiques » commenta E. Hoskins. Un autre médecin, David Levinson, qui voyagea en Irak, rapporte les faits suivants : « Tous les paramètres nécessaires au déclenchement

Chapitre 1

de graves épidémies sont présents en Irak : conditions sanitaires déplorables, aucune communication, manque de nourriture, manque de médicaments, manque de transports, mauvaise alimentation en eau. »[56] Ces mêmes médecins signalèrent que des débris radioactifs restaient sur les champs de bataille et que des enfants jouaient avec des balles à l'uranium appauvri.

À son retour au Canada, E. Hoskins essaya de persuader le gouvernement canadien de libérer 2 millions de dollars des fonds irakiens qui avaient été gelés depuis la guerre, afin de permettre l'achat de lait pour bébé et de médicaments. D'autres pays détenaient des fonds irakiens pour un montant de 4 milliards de dollars. Aucune somme ne fut libérée à titre d'aide. Environ 1 800 tonnes de lait achetées par l'Irak étaient retenues en Turquie tandis que mouraient les enfants irakiens.[57]

Une nouvelle fois, en 1995, le monde entier fut averti des souffrances de ce peuple. Le *Washington Report of Middle East* Affairs relata ceci : « Des officiels de la santé ont signalé une augmentation alarmante des maladies rares et inconnues, principalement chez les enfants. Le nombre des encéphalites, des leucémies, des carcinomes, des cancers du poumon et du système digestif s'est élevé dramatiquement, de même que les fausses couches tardives et l'incidence des malformations et des maladies congénitales du fœtus. »[58]

Ces constatations furent vérifiées en 1997 par l'Unicef dans un communiqué diffusé par Associated Press et Reuters News Service : « Entre août 1990 et août 1997, plus de 1,2 million d'enfants en Irak sont morts des suites de l'embargo ». Il contraignit les chirurgiens à intervenir sans anesthésique, sans antibiotique et sans analgésique. Les revues médicales étaient interdites. On ne pouvait plus se procurer de pellicules photo et les familles ayant perdu des enfants déclarèrent n'avoir aucune photo des disparus. Les jouets, les

---
56. *Nurses for social Responsibility*, Vol. 6, No. 2, été 1991.
57. Bruce McLeod, *From Canada's Heart*, The Toronto Star, 3 janvier 1992, A17.
58. *The Washington Report of Middle East Affairs*, juillet/août 1995, p. 105.

bicyclettes, les crayons, les gommes et les cahiers scolaires étaient également interdits.[59] Avant la guerre du Golfe, l'Irak bénéficiait de l'un des meilleurs systèmes de santé de la région. La leucémie était soignée avec un taux de réussite de 76 % ; après la guerre, ce taux tomba à seulement 25 %. Et même encore en 1999, le taux de décès chez les enfants et les nourrissons était encore plus du double de celui d'avant la guerre.[60]

L'impact élargi de la guerre
Le delta fertile entre le Tigre et l'Euphrate est connu comme le « berceau de la civilisation » et le lieu de naissance de l'agriculture. Les premiers réseaux d'irrigation y furent développés il y a sept mille ans, et cette région vit naître les premières « implantations urbaines ». Elle est riche en trésors archéologiques et en lieux saints. Avant la guerre, l'agriculture dans le Croissant fertile employait 23 % de la population irakienne et les terres produisaient parmi les plus grosses dattes au monde, ainsi que du riz, du blé, de l'orge, des fruits, des légumes et du fourrage.

L'Irak possède aussi une étendue désertique fragile, qui abrite beaucoup de petits animaux. Les sols sont maintenus par une croûte vivante de micro-organismes, de plantes éphémères, du sel, du limon et du sable. Nous savons par expérience combien de temps il faut pour que de tels écosystèmes se recomposent après le passage des tanks – durant la seconde guerre mondiale, la guerre dans le désert en Afrique du Nord multiplia le nombre de tempêtes de sable par dix.

Pour l'Occident toutefois, l'actif le plus précieux de l'Irak était, bien sûr, ses réserves pétrolières. Elles produisirent l'une des pires catastrophes environnementales lorsque le pétrole fut répandu sur la terre et dans la mer, et que de gigantesques incendies emplirent le ciel d'une fumée dense et toxique.

---

59. *Children in Irak Suffering, Unicef, The Toronto Star*, 27 novembre 1997, A21.
60. *Death Rates Rising in Iraki Children, Reuters News*, 26 mai 2000.

Chapitre 1

Les cormorans de Socotra se reproduisent uniquement dans le Golfe et se nourrissent de poisson en plongeant pour le pêcher. Gluants de pétrole après que 240 millions de litres de pétrole brut furent successivement déversés dans la mer, ils atteignirent à grand peine la côte de l'Arabie saoudite, étant dans l'impossibilité de voler.[61] Un centre de recherche ornithologique international essaya de sauver certaines de ces magnifiques créatures, mais le traitement consistant à les laver constituait un traumatisme en soi, donc il fut uniquement appliqué aux oiseaux les plus vigoureux.

Les oiseaux fuient la guerre du Golfe
Nicosie, Chypre – La guerre du Golfe n'est pas pour les oiseaux.

Les ornithologues amateurs de Chypre disent que depuis le début des combats aériens en janvier, l'île méditerranéenne est devenue un havre pour les oiseaux qui vivent habituellement dans le golfe Persique. « La destruction écologique de l'habitat naturel des oiseaux dans la région du Golfe a contraint les grues, les oies à gorge rouge, les cygnes tubercules et les cigognes blanches à chercher un lieu sûr », déclare Pavlos Neophylou, secrétaire de la Société ornithologique de Chypre. Selon lui, les membres de l'association ont constaté que les chemins migratoires des oiseaux avaient dévié vers Chypre pendant les conflits du Moyen-Orient, et ceci depuis le début de la guerre Iran-Irak en 1980 et la guerre civile au Liban.

Associated Press, *The Gazette*, Montréal,
2 mars 1991, K10

---

61. Ces chiffres ont été évalués à partir d'images satellites, sans tenir compte de la propagande du Pentagone qui avait exagéré les quantités de pétrole répandu. *The Daily News*, Halifax, 22 février 1991, p. 8, tiré de *Truth Behind Gulf Slick May Be a Victim of War*, Keay Davidson, *San Francisco Examiner.*

Le littoral du golfe Persique est jalonné de plages de sable, de petites étendues herbeuses, de marécages boueux et d'estuaires, qui sont autant d'habitats pour une grande variété de biotes. Le long de la côte s'étendent des mangroves qui servent de lieux de reproduction aux poissons comme aux crevettes. Les récifs de coraux abritent des écloseries à poissons et protègent la tortue de Hawksbill (tortue à écailles). D'autres espèces en danger, comme la grue de Sibérie, le dugong (similaire au lamantin de Floride) et les tortues vertes se nourrissent des herbes sous-marines. Les grues communes, les oies, les hérons, les pélicans et les canards, tous traversent le Golfe pour migrer, et l'on trouve des marsouins dans les détroits entre le Qatar et l'Iran. Il n'est pas très profond, seulement une quarantaine de mètres, et l'eau ne se renouvelle que très lentement, aussi le pétrole brut recouvrit rapidement les fonds marins, détruisant le sol nourricier d'une grande partie de cette faune.

Les marées noires dans le Golfe menacèrent également d'obstruer les usines de désalinisation d'eau de mer et les centrales électriques le long de la côte. L'une des nappes de pétrole atteignit l'extrémité de l'île d'Abu Ali, refuge de dizaines de milliers d'oiseaux migrateurs. L'usine de désalinisation voisine produisait 870 millions de litres d'eau douce par jour. La première qui dut fermer à cause de la marée noire se trouvait à Safaniyah, sur la côte saoudienne. Cette nappe provenait sans doute de l'une des plus petites marées noires, provoquée par les attaques américaines sur un tanker irakien. Les alliés accusèrent l'Irak d'avoir causé la plus grosse marée noire en ouvrant les robinets du terminal Mina al-Ahmadi dans le Koweït occupé. L'Irak prétendit que c'étaient les bombardements qui avaient détruit ses tankers et les pipelines. On se demande s'il importe vraiment de savoir qui avait commis ces crimes contre la nature : finalement, l'une comme l'autre partie étaient également coupables de mener une guerre qui tenait si peu compte de l'environnement.

Chapitre 1

L'une des images les plus pénibles de la guerre du Golfe montre d'énormes nuages de fumées toxiques s'élevant au-dessus de centaines d'incendies pétroliers. Dans le *Global Environnement Change*, un bulletin d'information édité à Arlington (Massachusetts), Brad Hurley estime qu'au moins 1 200 incendies faisaient rage, en incluant les raffineries, les réservoirs et les puits, avec environ 1,8 million de barils partant en fumée chaque jour. Le Koweït signala des « lacs de pétrole » de plusieurs kilomètres de large et de plus d'un mètre de profondeur, créés par les marées noires. Certains durent être délibérément enflammés afin d'empêcher la formation de gaz volatiles. On rapporte le cas de véhicules qui prirent feu en traversant l'une de ces zones, ce qui tua cinq personnes.[62]

Le 6 mars 1991, le scientifique américain Carl Sagan déclara que les nuages de pollution et les pluies noires provenant des puits de pétrole en flammes au Koweït allaient probablement détruire massivement les récoltes à travers tout le Moyen-Orient et l'Asie du Sud. Il émit aussi l'hypothèse que la fumée bloquerait les rayons solaires, provoquant la chute des températures sur de larges zones terrestres et bouleversant le cycle des moussons. Elles se produisent lorsque l'air chaud de l'été s'élève au-dessus du continent et aspire l'humidité des océans. D'autres scientifiques réfutèrent sa théorie, arguant que la fumée, en se dispersant au-dessus du plateau tibétain, serait beaucoup plus près du sol. La chaleur émise dans la basse atmosphère aurait alors un effet de réchauffement plus puissant que l'effet de refroidissement de la haute atmosphère, donc ils prédisaient une amélioration de la mousson. Selon un autre schéma environnemental développé par l'Institut Max-Planck

---

62. Selon le dossier rédigé par Ramsay Clark, les avions américains causèrent la plus grande partie des marées noires. Les hélicoptères des forces alliées qui déversèrent du napalm et des explosifs à effet de souffle sur les installations de stockage des puits de pétrole, les cuves de stockage et les raffineries provoquèrent des incendies sur toute l'étendue de l'Irak et un grand nombre, sinon la plupart des incendies des puits de pétrole au Koweït. Ceux qui ne furent pas causés par les Américains furent allumés délibérément, pour couvrir leur retraite, par les militaires irakiens en fuite.

en Allemagne, le réchauffement pouvait causer une arrivée de la mousson plus hâtive et plus puissante que d'habitude.

En fait, ce qu'on observa le moment venu, fut un énorme typhon qui s'abattit sur le Bangladesh le 1er mai, causant la mort de plus de 100 000 personnes. Les typhons n'y sont pas rares, mais celui-là fut accompagné d'inondations particulièrement catastrophiques et inhabituelles – 60 centimètres au-dessus des maxima enregistrés antérieurement –, suivies de pluies exceptionnellement abondantes. Quant à savoir s'il y a une relation directe avec les incendies au Koweït, cette question n'a jamais été résolue, bien qu'il puisse exister des documents classifiés à ce sujet.

Le Bureau météorologique britannique estima que la fumée des incendies de pétrole produirait des pluies acides qui se propageraient jusqu'à 2 000 kilomètres sous le vent venant du Koweït.[63] Les scientifiques russes signalèrent des niveaux très élevés de pluies acides dans le sud de la Russie. Des images satellites montraient des nuages de fumées et des neiges souillées au Pakistan et au nord de l'Inde. Les astronautes d'Atlantis déclarèrent qu'ils n'avaient jamais vu autant de brume envelopper la Terre. Elle était particulièrement épaisse au-dessus de l'Afrique centrale, où ils pouvaient à peine distinguer le sol.

Au mois d'août, de gigantesques trombes d'eau et de terribles tempêtes s'abattirent près d'une station balnéaire sur la mer Noire, tuant plus de trente personnes et en forçant des milliers à fuir. Il y eut de violents orages, des inondations et des glissements de terrain dans les montagnes surplombant cette zone côtière. Des chercheurs de l'Académie des sciences en Chine affirmèrent que d'épais nuages venant des champs de bataille du Golfe étaient à l'origine des inondations désastreuses qui se produisirent dans leur pays. D'après Zeng Qing Cun, directeur de l'Institut académique de physique atmosphérique, « ce phénomène anormal, empiré par

---

63. Le biologiste britannique J. L. Cloudsley-Thompson, cité dans un dossier parlementaire préparé pour Jim Fulton, MP, 22 janvier 1991.

Chapitre 1

l'éruption du mont Pinatubo aux Philippines, avait provoqué des pluies ininterrompues dans les vallées du Yang Tse et du Hui. » En Birmanie, sept villes furent submergées et 200 000 personnes privées de foyer.

Bien que le mont Pinatubo ait pu avoir quelque effet sur la Chine et la Birmanie, il n'influença vraisemblablement pas les records d'orages violents enregistrés en Europe de l'Est. Les Philippines se situent entre l'équateur et le 20e parallèle de latitude nord, et tout ce qui est émis dans l'air à cet endroit est affecté en premier lieu par les alizés circulant entre l'équateur et le tropique du Cancer. L'Europe de l'Est, qui se situe entre le 40e et le 60e parallèle de latitude nord, est d'abord affectée par les vents d'ouest dominants qui soufflent vers la Russie. De graves inondations eurent lieu de la Bavière à l'ex-Tchécoslovaquie, causant plusieurs morts, emportant des ponts et détruisant des terres agricoles. Les voies ferrées furent submergées sur l'ensemble de l'Autriche, et le Danube atteignit des hauteurs record.[64]

Dans les cinquante kilomètres autour d'où s'étaient produits les incendies des puits de pétrole, les températures perdirent jusqu'à 20° Celsius. L'étude généralisée des effets de ces incendies entreprise dans le monde entier conduisit beaucoup de scientifiques à considérer cet événement comme « le pire épisode de pollution créé par l'homme depuis les temps historiques ». Le Dr Richard Small, spécialiste des problèmes atmosphériques à la Pacific Sierra Research Corporation en Californie, parla « d'une tragédie pour la région, mais extrêmement importante pour la science ». Les données collectées s'avérèrent utiles pour l'étude des pluies acides, du réchauffement climatique, de la diminution de la couche d'ozone et d'autres phénomènes atmosphériques. L'Organisation météorologique mondiale à Genève accueillit la première conférence scientifique sur les incendies de pétrole en avril 1991.[65]

---

64. Steve Newman, *Earth week: a Diary of the Planet*, The Toronto Star, D6, samedi 10 août 1991.
65. John Horgan, *Burning Questions: Scientists Launch Studies of Kuwait's Oil Fires, Scientific American,* juillet 1991, pp. 17-24.

Dans la presse populaire, on parlait communément des « incendies des puits de pétrole du Koweït » et la plupart des gens croyaient qu'ils avaient été allumés par l'Irak. Les forces irakiennes mirent en effet le feu aux champs de puits de pétrole quand ils battirent en retraite, mais on disait que l'Iran subit « une succession d'épisodes de pluies noires » dès le 22 janvier 1991. Des images satellites prises mi-février par le Landsat-5 américain et la National Oceanic and Atmospheric Administration (NOAA) à Boulder, Colorado, révélèrent « des panaches de fumée de plusieurs centaines de kilomètres de longueur, émanant de différentes régions d'Irak ».[66] Laura A. Gundel, experte en aérosol au Lawrence Berkley Laboratory, nota que les premières traces suspectes de suie furent mesurées à l'observatoire de la NOAA à Mauna Loa, Hawaii, dès le début de février. Ces deux séries d'observations furent réalisées bien avant que l'Irak ne se retire du Koweït et suggèrent que certains incendies de puits de pétrole furent causés par les pluies de bombes des alliés.[67]

Au cours d'une conférence scientifique à Vienne, on demanda à l'un des spécialistes du Lawrence Livermore Laboratory du département de l'Énergie de ne pas communiquer la simulation des incendies par ordinateur. Selon William Arkin, expert de la sécurité nationale des États-Unis, les officiels du Pentagone et du département d'État lui firent savoir en privé qu'ils craignaient que :

> de telles révélations n'incitent certains à demander le jugement de Saddam Hussein pour crimes de guerre contre l'environnement. Ces mêmes sources pensent qu'il avancerait pour sa défense des motifs de « nécessité militaire » : la fumée des puits de pétrole en feu servant, par exemple, à dissimuler les troupes irakiennes des bombardiers alliés. Les officiels redoutent que ce plaidoyer ne puisse conduire ensuite à la

---
66. Ibid.
67. Ibid., p. 20.

Chapitre 1

demande de mesures de protection environnementale plus strictes dans les règlements internationaux en cas de guerre.[68]

Le 30 janvier 1991, alors que la guerre du Golfe montait en puissance, la Maison Blanche annula les exigences légales d'évaluation des effets que les « projets du Pentagone » pourraient avoir sur l'environnement, annulation faite par « souci de ne pas entraver les efforts de guerre ». Le Pentagone assura le public que « l'armée n'avait aucune intention d'abuser ou d'aller au-delà de cette dérogation pour atteindre d'autres objectifs que ceux de tester de nouvelles armes, d'augmenter la production de matériel et de mettre en route de nouvelles activités sur ses bases militaires ».[69]

Un traité international protégeant les écosystèmes naturels appelée « Convention sur l'interdiction d'utiliser des techniques de modification de l'environnement à des fins militaires ou toutes autres fins hostiles », dite « Convention Enmod », fut signée en 1977, après la guerre du Vietnam. Dans ce conflit, les militaires avaient délibérément ciblé l'environnement comme stratégie de guerre : plus de 800 000 hectares de forêt avaient été rasés et dénudés ; deux millions d'hectares de terre laissés contaminés et stériles à cause de produits chimiques tels que l'agent orange. Il est estimé que les terrains pulvérisés avec ce défoliant ne peuvent plus être utilisés pendant au moins une centaine d'années (cf. tome 2, *La pollution de l'environnement par les militaires*). Pendant la guerre en Birmanie, les militaires entamèrent une politique de terre brûlée pour expulser la guérilla des magnifiques forêts de teck. Cette même tactique fut appliquée en Afrique du Sud où elle entraîna la destruction de nombre de troupeaux d'éléphants. Le nouveau traité interdisait toute tentative délibérée de provoquer de tels ravages écologiques : faire sauter des digues, bombarder des usines nucléaires ou chimiques ; épandre des produits chimiques

---
68. Ibid., p. 17.
69. Keith Schneider, *Environmental Rule is Waived for Pentagon*, The Times, 30 janvier 1991.

polluants dans l'atmosphère ; provoquer des tremblements de terre ou des raz-de-marée ; brûler des forêts ou des récoltes ; contaminer des réserves d'eau. Il est rapporté que l'initiative de signer cette convention est due à l'indignation que provoquèrent les essais américains d'ensemencer des nuages au Vietnam, dans le dessein de bouleverser les cycles climatiques.

Cependant, selon Richard Falk, juriste international à l'université de Princeton, la convention ne couvre pas l'holocauste environnemental résultant d'une guerre nucléaire parce que l'intention serait de détruire les capacités de l'ennemi, mais les effets secondaires, à savoir la contamination de l'air, de l'eau et du sol ne sont pas voulus. Par la même logique, on peut lâcher des bombes sur l'Irak et ne pas être tenu responsable des marées noires et des incendies qui en découlent. Il est clair que le traité de 1977 n'est pas adéquat pour les méthodes de guerre d'aujourd'hui.

La guerre continue

Le président George Bush déclara officiellement le cessez-le-feu le 28 février 1991. Cependant, dix ans plus tard, les forces de l'Otan poursuivent les raids aériens et les bombardements. En juin 2000, le *Guardian* dénonça une escalade de cette « guerre à basse intensité » : on estimait que 78 tonnes de munitions avaient été lâchées sur l'Irak par les avions britanniques depuis décembre 1998, comparé aux 2,5 tonnes durant les six années précédentes. Le porte-parole des Libéraux-démocrates pour les affaires étrangères, Menzies Campbell, fit le commentaire suivant :

> Nous avons maintenant les preuves évidentes qu'une guerre d'usure est menée contre le système de défense aérien au sol de l'Irak et que cette guerre a dépassé l'objectif des zones d'exclusion aérienne… Il s'agit là d'un changement de politique significatif qui n'a jamais été annoncé ou expliqué devant le Parlement.[70]

---

70. *Bombing Strikes Stepped up in Secret War against Irak*, The Guardian, 8/06/2000.

Chapitre 1

Les sanctions internationales contre l'Irak n'ont jamais été totalement levées. Malgré un programme des Nations Unies qui permet à l'Irak d'échanger du pétrole contre des denrées alimentaires et de l'aide humanitaire, la population civile n'en souffre pas moins, car les Occidentaux continuent à se méfier des intentions de Saddam Hussein. La levée des sanctions a de nouveau été repoussée suite à une mission bâclée d'une Commission spéciale des Nations Unies (UNSCOM), envoyée en Irak pour détruire « les armes de destruction massive ». Alors que cette commission accomplissait des tâches importantes et positives, son efficacité fut mise en doute en étant accusée d'abriter secrètement des espions. Il semble que les services secrets britanniques et la CIA, en installant des appareils d'écoute dans certains bâtiments sensibles irakiens pour collecter des renseignements militaires, aient pu surveiller les activités de l'UNSCOM à l'insu de son directeur, Richard Butler.[71] C'est pourquoi Saddam Hussein se montra réticent à la poursuite des inspections d'armes.

Lors d'une assemblée plénière qui se tint à Kensington, à Londres, au début de l'an 2000, le journaliste John Pilger déclara : « Selon l'Unicef, en 1990, l'Irak avait l'une des populations les plus éduquées et en bonne santé au monde. Son taux de mortalité infantile était l'un des plus bas ; aujourd'hui, c'est l'un des plus élevés sur Terre. » C'est le film bouleversant de J. Pilger, *Paying The Price: The Killing Of The Children Of Iraq*, diffusé par la télévision britannique en mars 2000, qui permit, plus que toute autre chose, de galvaniser le public. Selon certaines sources, le ministère des Affaires étrangères fut ébranlé par le tollé général de protestations contre les sanctions.[72]

---

71. Voir, par exemple, *Under UN Cover*, Editorial, *Washington Post*, 3 mai 1999 et Thomas W. Lippman et Barton Gellman, *US said it Collected Irak Intelligence via UNSCOM*, *Washington Post*, 8 janvier 1999.
72. John Pilger, *Paying the Price: Killing the Children of Irak*, Carlton, 2000.

Les vétérans alliés sont encore affectés par « le syndrome de la guerre du Golfe », et les campagnes qu'ils mènent pour en obtenir la reconnaissance et des compensations se poursuivent. Beaucoup sont persuadés que les symptômes qu'ils ressentent sont dus à l'emploi des armes à uranium appauvri. Dans une lettre au président Clinton, datée du 8 juin 2000, Tony Hall, membre du Congrès, rejoignit d'autres leaders pour demander l'ouverture d'une enquête concernant les effets de l'uranium appauvri sur la santé humaine :

> Les vétérans de la guerre du Golfe font face à des problèmes de santé qui sont mal expliqués par les professionnels de la médecine mais n'en sont pas moins réels et affectent leur vie de manière significative. Il existe des sources fiables rapportant que les civils irakiens sont également affectés : les taux de cancer semblent beaucoup plus élevés que la moyenne mondiale… On suspecte l'uranium appauvri, métal toxique et radioactif, d'en être le responsable. Cependant, neuf ans après la fin de la guerre du Golfe, peu d'efforts ont été faits pour examiner ses effets sur la santé.[73]

À un niveau plus humain, les soldats qui rentraient chez eux ne reçurent aucune aide pour gérer les traumatismes de ce qu'ils avaient vu et fait. Un soldat, dont la compagnie avait été impliquée dans l'un des incidents de « tir ami », décrit comment sa vie bascula :

> Nous étions tous dévorés par la culpabilité et environ 30 % de la compagnie tomba malade. Il n'y avait personne pour nous diriger ou nous conseiller, nous nous battions entre nous, nous buvions trop et étions de plus en plus malades. Ma femme aussi était malade et souffrait tellement qu'elle devait garder le

---

73. Dépêche d'agence des USA, 9 juin 2000.

Chapitre 1

lit. Je fus libéré le 31 décembre 1991. Mes rapports médicaux et personnels avaient été perdus. J'avais été cité comme soldat modèle avant et durant la guerre, mais après la guerre, ce fut une autre affaire.[74]

Le directeur exécutif du United States National Gulf War Resource Center répond dans le *Wall Street Journal* à une lettre au sujet du syndrome de la guerre du Golfe :

Cher Éditeur,

183 629 vétérans de la guerre du Golfe ont déposé des plaintes auprès du Department of Veterans Affairs pour des incapacités acquises pendant leur service, dont 136 031 ont été acceptées. Plus de 263 000 vétérans ont demandé la prise en charge de la Veterans Administration. Quelque 9 600 sont morts.

Ces chiffres proviennent des 576 000 vétérans de la guerre du Golfe éligibles au service de santé (ceux qui ont servi entre le 2 août 1990 et le 31 juillet 1991).

---

74. Déclaration de « Michael Rackman » au sous-Comité des ressources et à la Commission parlementaire des relations intergouvernementales au sujet de la réforme et du contrôle gouvernementaux, 26 juin 1997. Le nom a été changé pour protéger l'identité du vétéran.

De plus, selon le ministère de la Défense, environ 100 000 soldats américains ont été exposés à de faibles taux d'agents chimiques de guerre, y compris les gaz sarin, cyclosarin et moutarde ; 250 000 ont reçu comme médicament du bromure de pyridostigmine nouvellement étudié ; 8 000 ont reçu le vaccin contre le botulisme, également nouveau ; 150 000 ont reçu le vaccin très controversé contre la maladie du charbon (l'anthrax) ; 436 000 ont pénétré dans des zones contaminées par 315 tonnes de déchets radioactifs toxiques d'uranium appauvri comportant aussi des traces de plutonium ; et des centaines de milliers d'entre eux ont connu pendant des mois l'enfer sur Terre de plus de 700 puits de pétrole en flammes à l'intérieur et à proximité des zones de combat.

Selon le *Washington Post* daté d'aujourd'hui, environ 1 200 000 civils irakiens sont morts depuis le début de la guerre du Golfe – une guerre dont on n'entrevoit pas la fin, pour les civils comme pour les soldats.

Sincèrement,

Paul Sullivan
Directeur exécutif

Chapitre 1

Se souvenir du passé, questionner le futur

Nous venons d'analyser deux guerres, l'une et l'autre légitimées officiellement comme causes « humanitaires ». Pourtant, à la réflexion, peut-on vraiment qualifier d'« humaines » les souffrances infligées aux populations civiles du Kosovo et de l'Irak ? Depuis des siècles, les sociétés civilisées ont développé et promulgué des droits pour les prisonniers et des lois contre la torture, mais aucune limite n'a été envisagée contre la maltraitance des nations qui tombent en disgrâce internationale. Le terme d'« État voyou » utilisé par la communauté internationale est un phénomène nouveau, mais il existe des règles en droit international qui pourraient s'appliquer :

> 1. Faire mourir de faim des civils comme méthode de guerre est interdit.
> 2. Il l'est tout autant d'attaquer, de détruire, d'enlever ou de rendre inutilisable le matériel agricole indispensable pour la production de nourriture, les récoltes, le bétail, ainsi que les installations et l'alimentation en eau potable, les systèmes d'irrigation, ceci dans le but spécifique de supprimer à la population civile, comme à la partie adverse, ses moyens de subsistance, quel qu'en soit le motif, que ce soit pour faire mourir de faim les civils, les obliger à se déplacer ou toute autre raison.[75]

La Russie se débat dans la complexité de ses propres problèmes de guerre et de gouvernance. L'Assemblée internationale pour la protection des droits de l'Homme, une ONG russe, se réunit le 15 mai 1996 pour examiner nombre de questions déjà soulevées ici. Lors de cette conférence, il fut demandé une analyse complète des causes et des souffrances occasionnées par le conflit tchétchène.

---

75. Protocole I additionnel à la Convention de Genève – 1977, Partie 1, Chapitre III, Article 54.

Seize propositions concrètes furent émises pour favoriser la réconciliation nationale, dont certaines m'ont particulièrement frappée :

- prise de contrôle public de la définition des dommages causés par les opérations militaires et des compensations dues à ceux qui demeurent dans les zones de combat ;
- trouver les solutions possibles pour la réadaptation psychologique de toutes les personnes impliquées dans le conflit ;
- créer des centres de protection des ressources locales et des droits de l'homme, et préparer un livre d'or à la mémoire de ceux qui ont été tués ;
- suggérer au président de la Fédération russe de faire appel plus largement aux ONG russes pour résoudre les crises à l'intérieur et à l'entour de la République tchétchène.[76]

Prendre en charge les contrecoups de la guerre relève d'une attitude positive, mais ces propositions soulignent aussi la nécessité d'analyser les causes qui font naître la violence. Je voudrais comparer la guerre à une éruption de « tumeurs » nous avertissant de la présence des racines malignes qui la précèdent. La crise du Kosovo comme la guerre du Golfe étaient autant le résultat de manœuvres économiques, d'opportunisme politique et de diplomatie malheureuse que de soucis humanitaires plus manifestes.

En ce qui concerne l'armement utilisé, les guerres naissent dans les laboratoires de recherche et sur les sites d'essais militaires. L'expérimentation a un effet immédiat qui peut être observé et permet d'imaginer les conséquences que de telles armes auraient au cours d'une guerre. Domacio Lopez, par exemple, membre de

---

76. Correspondance personnelle de la participante Larisa Skuratovskaya, 26 mai 2000.

Chapitre 1

la US Rural Alliance for Military Accountability, souffre d'habiter depuis les années 1970 sous le vent d'un terrain d'essai américain d'armes à uranium appauvri. D'après son expérience, il estime que, durant les huit premiers mois de la guerre du Golfe, 50 000 enfants irakiens seraient morts de différentes maladies liées à l'utilisation d'uranium appauvri.[77]

Il est clair que la recherche militaire nous donne des clés sur la nature et l'issue des futurs conflits. C'est pourquoi, dans les prochains chapitres, nous observerons de près quel type de recherche est couramment pratiqué, ainsi que les effets observés au cours des expérimentations. Nous essaierons aussi de mesurer le coût pour l'humanité de l'argent et des ressources naturelles consommés pour faire la guerre. J'espère que nous pourrons faire valoir un argument suffisamment puissant permettant de considérer l'activité militaire comme un « cancer du corps politique » et que nous prendrons conscience qu'il existe des alternatives viables.

---

77. Dans *Metal of Dishonor*, International Action Center, New York, NY, 1997, pp. 172-73.

Partie II
LA RECHERCHE

The Layers of the Earth's Atmosphere

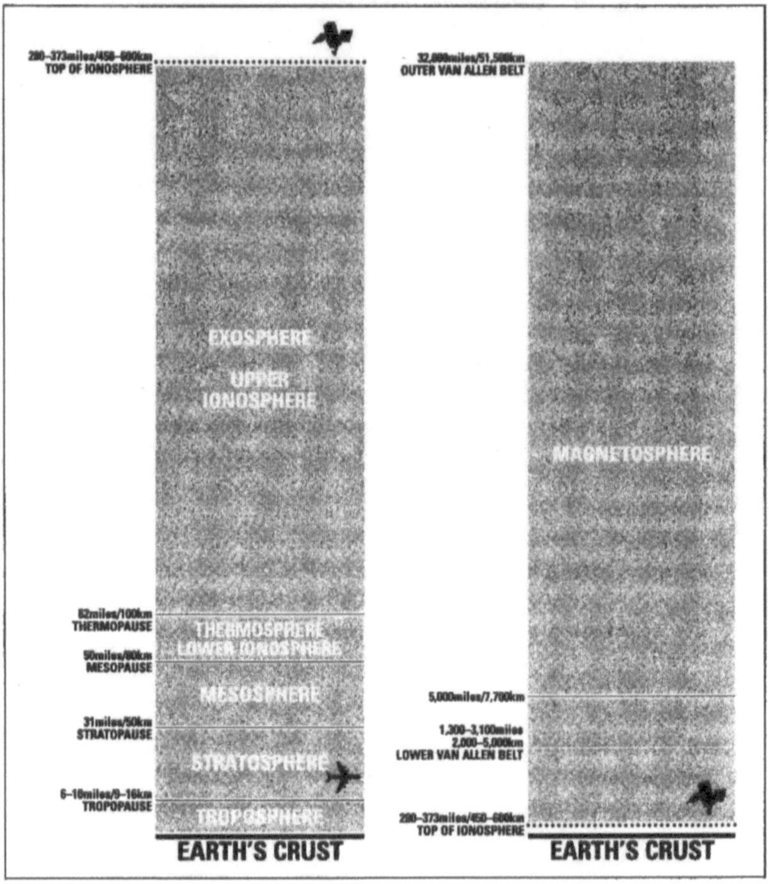

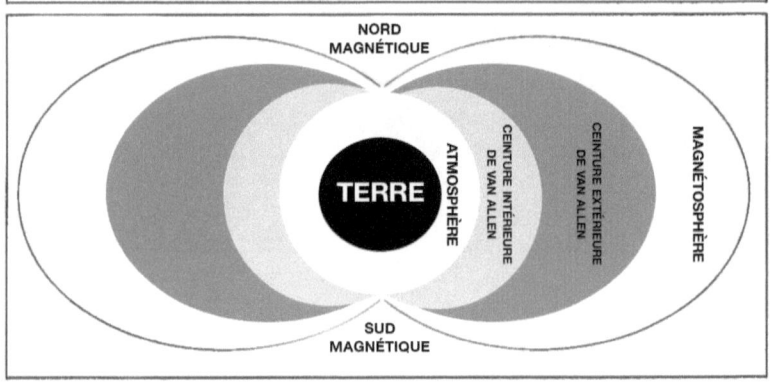

280–373miles/450–600km
TOP OF IONOSPHERE

32,000miles/51,500km
OUTER VAN ALLEN BELT

EXOSPHERE
UPPER IONOSPHERE

MAGNETOSPHERE

62miles/100km
THERMOPAUSE
THERMOSPHERE
LOWER IONOSPHERE
50miles/80km
MESOPAUSE
MESOSPHERE
31miles/50km
STRATOPAUSE

5,000miles/7,700km
1,200–3,100miles
2,000–5,000km
LOWER VAN ALLEN BELT

STRATOSPHERE
6–10miles/9–16km
TROPOPAUSE
TROPOSPHERE

280–373miles/450–600km
TOP OF IONOSPHERE

EARTH'S CRUST   **EARTH'S CRUST**

NORD MAGNÉTIQUE

TERRE — ATMOSPHÈRE — CEINTURE INTÉRIEURE DE VAN ALLEN — CEINTURE EXTÉRIEURE DE VAN ALLEN — MAGNÉTOSPHÈRE

SUD MAGNÉTIQUE

Chapitre 2
À la découverte du ciel

En considérant la Terre comme un organisme vivant complexe, qui se nourrit de l'énergie solaire[78], nous constatons qu'elle maintient l'équilibre dans la composition de l'atmosphère et la salinité des océans. Elle conserve sa température dans des limites étroites et prévisibles, et fait vivre une incroyable diversité de plantes et d'animaux.

La biosphère, la couche terrestre qui permet de maintenir la vie, est composée d'air, d'eau et de terre ; elle mesure environ seize kilomètres d'épaisseur et s'étend dans l'atmosphère, le sous-sol et sous les eaux. Elle a survécu depuis des millénaires en recyclant les nutriments. Par l'interaction complexe des différents organismes, certains utilisant les déchets des autres, la biosphère a formé un tout fonctionnel, durable et interdépendant. Cependant, elle ne possède pas un système d'excrétion efficace pour éliminer les produits toxiques complexes que les hommes ont délibérément créés et dispersés en son sein. Introduire des produits non naturels dans le système terrestre peut être comparé à l'introduction de produits « non comestibles » dans le corps humain : il luttera pour se débarrasser de cette invasion indésirable.

Pour de multiples raisons, il est heureux que la biosphère n'intègre pas toujours dans son système des matériaux fabriqués par l'homme – il y a des composés chimiques, des isotopes et des états physiques de la matière qui auraient un effet extrêmement néfaste

---

78. Il y a aussi de la vie dans le fond des océans, qui dépend plus de l'énergie terrestre que de l'énergie solaire. Elle se développe à proximité des fractures du plancher océanique, là où se situent les évents hydrothermaux. Ces évents créent des points chauds dans les fonds océaniques et recrachent des nutriments minéraux pour les organismes vivants tels que les moules géantes et les vers tubulaires, qui peuvent atteindre presque 4 m de long.

Chapitre 2

sur la vie s'ils étaient incorporés dans notre cycle interdépendant. Ce n'est pourtant pas uniquement l'introduction de produits toxiques et autres déchets qui met en danger l'équilibre du système d'autorégulation de notre Terre. Des recherches et expérimentations militaires récentes sont allées beaucoup plus loin, en manipulant les couches de l'atmosphère terrestre qui séparent la biosphère des débris solaires et cosmiques, et la protègent ainsi des radiations dangereuses. Beaucoup de ces travaux envisagent d'utiliser notre planète elle-même comme arme de guerre, en captant la puissance de ses processus naturels à des fins belliqueuses. Pour moi, il s'agit de l'une des agressions militaires contre notre environnement des plus méconnues et préoccupantes.

Voici une courte présentation des couches entourant notre Terre, afin de mieux comprendre les phénomènes naturels que les militaires exploitent pour leurs recherches. En nous concentrant sur la façon dont ces couches atmosphériques fonctionnent et interagissent, nous pourrons saisir les dangers de la rupture de l'équilibre naturel et augmenter notre capacité à restaurer la santé de la Terre.

Les couches atmosphériques au-dessus de la Terre

Pour décrire la Terre et ses couches protectrices, il faut d'abord l'imaginer se ruant à travers l'espace à la vitesse incroyable de 107 280 kilomètres à l'heure, sur une trajectoire elliptique autour du Soleil. En plus de se propulser à cette vitesse incroyable, elle effectue une rotation autour de son axe une fois par jour. À cause de l'intensité de tous ces mouvements, les couches de l'atmosphère ne demeurent pas toujours à distance égale sur toute la surface du globe à tout moment : la face avant de la Terre présente une couche atmosphérique plus mince, qui va en s'épaississant vers l'arrière ; les couches atmosphériques sont généralement plus rapprochées l'une de l'autre aux pôles magnétiques et plus éloignées à l'équateur ; l'atmosphère est également impactée par toute évolution au niveau du Soleil, de la Lune ou du cosmos. Dans les descriptions qui suivent, les mesures que je donne sont approximatives pour la zone tempérée de l'hémisphère nord.

La troposphère : Plus on monte en altitude, plus les températures baissent jusqu'à atteindre un certain minimum ; puis, une fois ce palier franchi, elles se réchauffent à nouveau. La couche de l'atmosphère terrestre qui s'étend de la surface de la Terre jusqu'au niveau de température minimum s'appelle « la troposphère » ou « atmosphère inférieure », et la limite de température stable est « la tropopause ». Cette dernière se situe à environ dix kilomètres au-dessus de la Terre. C'est environ à cette altitude que volent les avions de ligne modernes.

En 1993, Reginald E. Newell, du MIT (Massachusetts Institute of Technology), annonça la découverte dans la troposphère terrestre de vastes rivières de vapeur d'eau comparables en taille et en débit à l'Amazone, au nombre de cinq dans chaque hémisphère. Elles mesurent entre 676 et 773 km de large, atteignent jusqu'à 7 700 km de long et s'écoulent dans une bande étroite à seulement 3 km au-dessus de la surface de la Terre. Ce sont les principaux vecteurs qui transportent les masses d'eau autour du globe – par exemple, des forêts tropicales vers les zones tempérées – et, en tant que tels, jouent un rôle essentiel sur le climat, les tendances météorologiques et la distribution de l'eau. Il est spéculé qu'interférer avec ces rivières pourrait générer inondations et sécheresses.

La stratosphère : Au-dessus de la tropopause se trouve la stratosphère, jusqu'à 50 km environ à partir de la surface de la Terre. Chose étonnante, elle se réchauffe progressivement au fur et à mesure que l'altitude augmente. Il est possible, parmi d'autres explications, que ce réchauffement soit dû à la présence de la couche d'ozone, qui se situe à environ 25 km dans la stratosphère. Les molécules d'ozone contiennent trois atomes d'oxygène, au lieu de deux dans l'air normal. À la surface de la Terre, l'ozone est considéré comme un dangereux polluant, en fait l'un des principaux composants du « smog », mais son rôle est bénéfique au niveau de la stratosphère, car il capture les rayons ultraviolets du Soleil, particulièrement dangereux pour les récoltes, les animaux et les êtres humains. Les avions militaires volent généralement dans la stratosphère, à une altitude d'environ 15 km (50 000 pieds).

Le jet stream : Pendant la seconde guerre mondiale, les pilotes de bombardier se rendirent compte qu'ils traversaient beaucoup de turbulences quand ils volaient dans la stratosphère inférieure (à cette époque, les avions de commerce volaient à des altitudes beaucoup plus basses). On découvrit alors que la Terre était encerclée par d'étroits couloirs de vents ultrarapides à environ 10 km d'altitude et au-delà. On leur donna le nom de « jet stream ». Avec cette découverte, les hommes commencèrent à réaliser que l'atmosphère terrestre et la météorologie étaient beaucoup plus complexes qu'ils avaient pu l'imaginer jusque-là.

La mésosphère : Au fur et à mesure que la température augmente dans la stratosphère à des altitudes de plus en plus élevées, elle atteint son point le plus chaud, qu'on appelle « la stratopause ». Au-delà commence la mésosphère, dans laquelle la température diminue de nouveau progressivement avec l'altitude. La mésosphère atteint sa plus basse température au niveau de la mésopause, à environ 80 km de la Terre.

L'ionosphère : Au-delà de cette limite se situent deux couches atmosphériques généralement considérées ensemble, qui forment l'ionosphère. La partie inférieure s'appelle « la thermosphère » et s'étend entre 80 et 100 km au-dessus de la surface de la

Terre. Comme son nom l'indique, elle est très chaude, avec des températures allant de 300 à 1 700 degrés centigrades. C'est en s'éloignant de la Terre que la température de la thermosphère atteint son niveau maximum. La partie supérieure de l'ionosphère s'appelle « l'exosphère » et s'étend entre 100 et 600 km au-dessus de la surface terrestre ; sa température diminue au fur et à mesure de l'éloignement d'avec la Terre. C'est dans cette couche la plus lointaine que sont mis en orbite la plupart des satellites.[79]

Tandis que l'essentiel de la partie inférieure de l'atmosphère et la Terre elle-même sont électriquement neutres, l'ionosphère est chargée et peut conduire un courant électrique. Le mathématicien allemand Carl Friedrich Gauss avait déjà émis l'hypothèse de l'existence d'une telle zone dès 1839. En 1902, l'ingénieur américain Arthur E. Kennelly et le physicien britannique Oliver Heaviside corroborèrent cette idée pour expliquer le fait que les ondes radio puissent être réfléchies par une couche de l'atmosphère et projetées autour de la surface arrondie de la Terre. Cette théorie fut démontrée en 1925, et, pour quelque temps, l'ionosphère inférieure prit le nom de « couche atmosphérique Kennelly-Heaviside ».

L'astrophysique moderne considère plus souvent l'ionosphère comme un tout et la divise en trois zones en fonction du degré d'ionisation plutôt que du degré de température. La première de ces zones (la plus basse) est la couche D – elle est fortement ionisée pendant la journée mais pas la nuit. On l'utilise en tout premier lieu pour les transmissions radio à ondes courtes et grandes ondes.

---

79. Une orbite est la route suivie par un objet lorsqu'il cesse d'utiliser sa source d'énergie artificielle et se laisse mouvoir uniquement par la force de la gravité. Le terme de « chute libre » est parfois utilisé. Quand vous lancez une balle, la hauteur qu'elle atteint dépend de la force de votre poussée. Arrivée à un certain point, la balle n'est plus soumise à cette « poussée » et commence à retomber vers le sol en suivant une trajectoire courbe – elle ne s'arrête pas brutalement pour retomber sur Terre en ligne directe, mais elle continue à avancer au fur et à mesure qu'elle descend. Si vous atteignez une altitude suffisante au-dessus de la Terre – en utilisant une fusée, par exemple – la trajectoire de l'objet qui tombe épousera la courbure de la Terre.

Au-dessus se situe la couche E, qui s'étend de 90 à 140 km de la Terre. Elle possède des molécules ionisées et est parcourue par de forts courants électriques. Au-delà, la couche F, parfois divisée en F1 et F2, contient des atomes ionisés, la portion F2 ayant la plus forte concentration d'ions. Ce sont les zones E et F qui permettent la propagation à grande distance des signaux radio.

L'ionisation se produit quand les rayons solaires font perdre des électrons aux atomes, qui sont électriquement neutres à ces hautes altitudes. L'électron est alors chargé négativement et l'atome positivement. Ces particules portent le nom d'« ions positifs » et « ions négatifs ». Dans l'environnement terrestre, nous ne rencontrons pas de façon naturelle ce type d'atmosphère chargée électriquement, appelée techniquement du « plasma », sauf brièvement après un orage avec du tonnerre et des éclairs. La plupart des atomes qui nous entourent sont électriquement neutres et la matière se présente sous une forme solide, liquide ou gazeuse. Le plasma est un gaz surchauffé, considéré parfois comme le quatrième état de la matière.

L'ionosphère est l'une des couches protectrices les plus importantes enveloppant la Terre, qui la met à l'abri des particules solaires et cosmiques pouvant l'endommager.

L'électrojet : L'ionosphère est parcourue par deux grands fleuves de courant électrique continu, dénommés « électrojet ». Ils circulent à l'intérieur de l'ionosphère à une altitude d'environ 120 km, s'infléchissant au pôle Nord et au pôle Sud. Comme le jet stream et les énormes rivières de vapeur d'eau, l'électrojet charrie des particules tout autour de la planète. C'est une source d'énergie électrique qui dépasse tout ce qui existe sur terre.

La magnétosphère : Au-delà de l'ionosphère, il existe une autre couche protectrice de la Terre, appelée « la magnétosphère », où le champ magnétique terrestre contrôle pratiquement tous les mouvements énergétiques des ions. Au-dessus, dans l'espace « extérieur », les particules sont contrôlées par le champ solaire. D'un pôle magnétique à l'autre, la magnétosphère est traversée par des lignes de force magnétique géantes : les ceintures de Van Allen.

Les ceintures de radiation de Van Allen : Elles ont pris le nom du physicien américain James Van Allen, qui les a découvertes en 1958. La ceinture intérieure se situe entre 2 000 et 5 000 km au-dessus de la surface de la Terre. On dit parfois qu'elle est à la distance d'un rayon terrestre, dont la mesure moyenne est d'environ 6 500 km, comparaison approximative qui aide notre imagination. La ceinture extérieure, qui constitue la structure protectrice la plus externe de notre Terre, est localisée à environ 51 500 km de la surface terrestre, soit une distance équivalente à huit ou neuf rayons terrestres. À cause du mouvement de rotation et de l'inclinaison variable de notre planète, la ceinture intérieure de Van Allen plonge et s'approche jusqu'à 200 km de la surface, au-dessus de l'océan Atlantique sud (on appelle ce phénomène « l'anomalie de l'Atlantique sud »). Il existe une anomalie semblable au-dessus de la Mongolie.

Le courant de particules hautement chargées en énergie que notre Soleil émet est appelé « vent solaire ». Il se renforce durant les éruptions solaires et lorsque les taches solaires sont en activité, ce qui interrompt parfois les émissions radio, produisant une grande quantité d'électricité statique. Les particules solaires et cosmiques sont projetées vers la Terre et captées par les ceintures de Van Allen. Elles tournoient autour des lignes de force magnétique s'étendant du pôle Nord au pôle Sud en moins de trois secondes. Les particules capturées ont tendance à rester longtemps dans le champ magnétique, à moins qu'il ne soit gravement perturbé – comme lors des orages magnétiques. Il arrive que des particules d'énergie solaire ne soient pas captées par les axes magnétiques des ceintures de Van Allen et atteignent la partie supérieure de l'atmosphère terrestre, au niveau des pôles. Au moment où ces particules entrent en collision avec les gaz de l'atmosphère, elles « rougeoient » et font naître toute cette magnifique panoplie de couleurs lumineuses que nous connaissons sous le nom d'« aurore boréale » dans l'hémisphère nord, et d'« aurore australe » dans l'hémisphère sud.

La Lune : Elle est maintenue en orbite par la gravité terrestre à environ 384 000 km de la Terre. Elle n'a pas d'atmosphère et connaît des températures extrêmes – environ 100° C lorsqu'elle est totalement exposée au soleil et -200° C pendant la nuit lunaire.[80] La gravité terrestre exerce son action jusqu'à une distance de 1,6 million km ; au-delà, tout objet passerait en orbite autour du Soleil.

Le Soleil : Bien qu'il soit à 148 millions km de la Terre, il constitue une source constante d'énergie assurant la vie sur notre planète. Les variations saisonnières qui se produisent sont dues au mouvement orbital de la Terre et à l'inclinaison sur son axe. Toute l'énergie solaire est renvoyée dans l'espace sous forme de radiations à ondes longues, maintenant ainsi un équilibre global ; les températures que nous expérimentons sont la résultante de la chaleur solaire entrante et sortante. S'il en était autrement, la chaleur sur Terre ne cesserait de croître et détruirait toute vie. Les gaz, les nuages et les particules en suspension dans l'atmosphère réfléchissent 26 % de l'énergie solaire, la surface de la Terre en réfléchit 4 %. Par conséquent, environ 70 % de cette énergie est absorbée par la Terre et son atmosphère, puis restituée sous forme de chaleur et d'humidité par les océans, les grandes étendues d'eau intérieures, les vents dominants et les alizés.

La plus grande partie de l'exploration spatiale s'est déroulée dans les limites de l'atmosphère terrestre, mais quelques voyages ont eu lieu sur la Lune et dans l'espace. Depuis toujours, les hommes sont

---

80. Gary V. Latham, *Moon*, 1998, dans l'Encyclopédie multimédia Encarta de Microsoft.

intrigués par ce « ciel » au-dessus de leur tête, notre système solaire et le cosmos qui l'enveloppe, mais ce n'est pas avant la deuxième moitié du XIXe siècle qu'il fut réellement possible d'explorer l'espace et d'en tirer directement des enseignements. C'est le développement de la technologie spatiale des fusées qui permit cette exploration – technologie qui a toujours été liée à la recherche militaire. Rien de surprenant dès lors, si l'exploration de l'espace se développa sous les auspices de l'armée.

Lorsque fut lancé le programme d'exploration spatiale, les militaires promirent la production de nouveaux médicaments en apesanteur, des recherches nouvelles sur l'histoire et l'évolution de la Terre, et même l'exploitation commerciale de ressources minérales sur la Lune. La recherche spatiale semblait une pure merveille – créative, inventive, passionnante, audacieuse. Pour l'observateur occasionnel, pratiquement aucun indice ne pouvait laisser prévoir que le développement de ces connaissances et réalisations deviendrait dangereux.

Les fusées

Les premiers pas de la recherche atmosphérique utilisèrent la girouette, les tours des vents grecques et le traité *Meteorologica* d'Aristote, écrit vers 340 avant J.-C. C'est seulement en 1600 de notre ère que Galilée inventa le thermomètre et en 1643 que Torricelli mit au point le baromètre. Lorsqu'on découvrit que les changements du temps et du baromètre étaient liés, on construisit de nombreuses stations de contrôle de la pression atmosphérique. C'est en utilisant ces données que Benjamin Franklin constata, vers 1743, que les orages se déplaçaient dans l'atmosphère en fonction des zones de haute et de basse pression. Il pouvait seulement observer et ne savait pas encore prévoir et encore moins modifier ou contrôler le temps. Vers la fin de la deuxième moitié du XIXe siècle,

Chapitre 2

on utilisa des ballons pour explorer la troposphère supérieure et, en 1899, le météorologiste français Léon Teisserence de Bort découvrit la stratosphère. C'est avec le développement de la technologie des fusées que la recherche atmosphérique fit un pas de géant.

Les fusées furent d'abord appelées « flèches chinoises », d'après les premières descriptions de leur usage par le peuple de Kaieng-fu pour repousser une invasion mongole en 1232 après J.-C. Des tuyaux contenant une ancienne formule de poudre à canon étaient fixés sur la hampe d'une flèche et produisaient un échappement de gaz en feu. Les fusées ordinaires sont toutes plus ou moins basées sur le même principe. La fusée a une tête, habituellement en forme de cône, qui repose sur une charge détonante. En-dessous de la charge se trouve un starter, également en forme de cône, dont la petite ouverture est fixée à la charge. Quand cette dernière explose, les gaz s'échappent rapidement le long d'une glissière et propulsent la fusée dans la direction opposée.

La technologie des fusées s'améliora au fur et à mesure que progressait la connaissance de l'atmosphère inférieure. Les fusées d'origine furent « perfectionnées » par un moine franciscain anglais, Roger Bacon, ainsi que par les Allemands, les Italiens et les Syriens, mais leur unique fonction était la guerre.[81] Au XVIIIe siècle, l'Inde essaya de repousser les troupes britanniques avec des fusées pouvant parcourir 2,5 km. Elles étaient construites avec d'épaisses tiges de bambou, de 2,5 à 3 mètres de long, attachées à des tubes métalliques.

C'est en 1883 qu'un maître d'école russe, Konstantin Tsiolkovsky, proposa le premier d'utiliser des fusées pour voyager dans l'espace. Les moteurs des avions de commerce ont besoin d'oxygène qu'ils aspirent, compriment, injectent de carburant puis allument pour provoquer la combustion. Les avions à réaction ne peuvent pas voler à des altitudes où la densité de l'oxygène est trop faible.

---

81. George P. Sutton, *Rockets and Missiles*, 1999, dans l'Encyclopédie Multimédia Grolier.

Aussi, afin de pouvoir voyager dans l'espace, les hommes avaient besoin d'une forme de moteur à réaction qui emporte son propre oxygène. Pour ne plus devoir utiliser l'oxygène atmosphérique, K. Tsiolkovsky imagina un moteur à combustion interne contenant de l'oxygène liquide avec soit de l'hydrogène liquide, soit du kérosène liquide. Selon lui, ces fusées spatiales pourraient transporter des passagers et auraient besoin de doubles parois pour se protéger des météorites. Il fut le premier à concevoir des fusées à étages, qu'on pourrait allumer puis abandonner l'un après l'autre, chaque étage propulsant la fusée plus loin dans l'espace. C'est également lui qui eut l'idée d'utiliser des gyroscopes pour stabiliser l'ensemble, une autre caractéristique des fusées d'aujourd'hui.

La construction actuelle des fusées à carburant liquide fut mise au point par l'ingénieur Robert H. Goddard, qui a donné son nom au Centre spatial de la Nasa près de Washington. En 1926, il fut le premier au monde à lancer une fusée de ce type et, plus tard, à Roswell, au Nouveau-Mexique, il construisit une fusée qui pouvait s'élever à 90 mètres au-dessus du sol. Pendant la même période, les Allemands perfectionnèrent sa technologie. Le traité de Versailles (1919) avait interdit à l'Allemagne de construire des avions, mais il n'existait aucune interdiction explicite concernant les fusées. Sous la houlette de Werner Von Braun, un jeune enthousiaste des fusées, l'armée allemande accepta de financer l'expérimentation de fusées à carburant liquide. Après quelques essais malheureux, Von Braun et ses collègues réussirent finalement quelques vols.

Le site que W. Von Braun avait utilisé pour ses essais fut ensuite repris par les militaires et transformé en dépôt de munitions, tandis qu'était établie une importante base de recherche sur les fusées près du village de Peenemunde, sur la mer Baltique. C'est là que furent construits les modèles A-4, utilisés pour bombarder Londres, Anvers et d'autres métropoles en 1944-45, et aussi assemblés les V-1 et les V-2 (Vengeance 1 et 2), des petits avions sans pilote qui semèrent la mort et dévastèrent Londres et le sud de l'Angleterre.

Chapitre 2

Les V-1 avaient une portée de 220 km et les V-2 de 3 200 km. Après la seconde guerre mondiale, W. Von Braun et d'autres se rendirent aux Américains et leur proposèrent de poursuivre aux États-Unis leurs recherches sur les fusées.

De 1945 à 1955, la technologie des fusées continua d'être définie par les militaires et affinée, avec la création d'armes anti-tanks, de missiles balistiques intercontinentaux, de fusées pour intercepter les avions et d'autres pour la recherche en haute altitude.

Les premières fusées spatiales et les satellites

Le premier satellite artificiel fut lancé dans l'espace par l'Union soviétique le 4 octobre 1957. Il s'appelait Spoutnik 1, qu'on peut traduire par « Compagnon de voyage 1 ». Quand Spoutnik 2 fut lancé le 3 novembre 1957, il emportait la chienne Laïka. Elle survécut plusieurs jours mais mourut victime de la chaleur avant que sa réserve d'oxygène ne s'épuise. Elle frappa l'imagination du monde entier, les rêves de l'aventure spatiale humaine étaient nés.

En décembre 1957, les États-Unis s'empressèrent de mettre leur satellite Vanguard 1 en orbite, mais il explosa peu après le décollage. Ce fut Explorer 2, lancé le 31 janvier 1958, qui réalisa avec succès la première conquête américaine de l'espace et auquel est due la découverte de la ceinture intérieure de Van Allen. Étrangement, les compteurs Geiger présents à bord des satellites américains et russes n'avaient pas réussi à mesurer la radiation à partir de 1 000 km : elle était si intense à ces altitudes qu'elle n'était plus mesurable. Il s'écoula du temps avant que les scientifiques des deux pays, travaillant chacun de leur côté à cause de la guerre froide, ne le constatent. C'est emprisonnées dans la partie la plus haute de l'atmosphère terrestre que furent découvertes les dangereuses particules radioactives qui nous arrivent du Soleil et du cosmos.

Le 3 décembre 1958, le satellite américain Pioneer 1 atteignit l'altitude de 110 000 km et découvrit la ceinture extérieure de Van

Allen. Un chercheur soviétique, S. N. Vernov, détecta le même phénomène à partir de données envoyées par Spoutnik 2.

Toutefois, l'objectif le plus évident de toute cette activité très médiatisée de la guerre froide était la Lune. Les Russes essayèrent de l'atteindre mais manquèrent leur but avec Luna 1 – ce fut cependant la première fusée qui réussit à échapper à l'attraction terrestre. Le 14 septembre, Luna 2 s'écrasa sur la Lune et, en octobre 1959, Luna 3 réussit à se positionner en orbite autour d'elle et à envoyer des images. L'un des intérêts de la Lune réside dans son potentiel à devenir une « station relais » sur le chemin des autres planètes du système solaire. Peut-être les militaires ont-ils envisagé d'en faire une base, quoique aucun pays ne puisse prétendre se l'approprier ? Il n'est pas rare d'entendre parler des réserves minières de la Lune bien que le Traité des Nations Unies sur l'espace interdise d'épuiser ses ressources non-renouvelables.

Plus seulement des observatieurs

L'exploration de l'atmosphère terrestre passa rapidement du stade de l'observation à celui de l'expérimentation. Les États-Unis commencèrent leurs essais nucléaires atmosphériques dans le Pacifique en 1946 et le Nevada en 1951. Fin 1956, ils avaient fait exploser plus de quatre-vingt-six bombes atomiques. De leur côté, les Soviétiques firent des essais nucléaires à partir de 1949 dans leur région arctique et, fin 1956, ils en étaient à quinze explosions atomiques. Les Britanniques déclenchèrent leur neuvième explosion nucléaire dans les îles de Monte Bello, au large de l'ouest de l'Australie et au sud, près de Maralinga.[82] L'expérimentation dans l'ionosphère commença presque immédiatement après

---
82. Pour plus de détails sur les essais d'armes nucléaires, voir Rosalie Bertell, Sans danger immédiat ? – L'avenir de l'humanité sur une planète radioactive, éd. Pleine Lune, 2005.

Chapitre 2

la découverte des ceintures de Van Allen, avant même d'avoir connaissance de leur rôle de protection de la Terre.

Le projet Argus (1958)
Entre août et septembre 1958, la marine américaine fit exploser trois bombes atomiques à fission nucléaire, à 480 km au-dessus de l'océan Atlantique. Comme nous l'avons précisé auparavant, les ceintures de Van Allen plongent jusqu'à 400 et même 200 km de la surface terrestre dans cette zone, ce qui occasionne fréquemment des interruptions de communication radio sur les navires. De plus, deux bombes à hydrogène furent détonées simultanément à 160 km au-dessus de l'île Johnston, dans le Pacifique. Elle se trouve à mi-chemin environ entre Hawaï et les îles Marshall, à 18° nord de l'équateur, mais les explosions montèrent si haut dans l'atmosphère qu'elles étaient visibles à Tahiti, en Polynésie française, à 18° au sud de l'équateur. Cette expérience, qui portait le nom de code de projet Argus, fut planifiée par la US Atomic Energy Commission et le ministère de la Défense, qui la qualifièrent de « plus grande expérience scientifique jamais entreprise ».[83]

Il semble que l'objectif fut d'évaluer l'impact des explosions nucléaires en haute altitude sur les transmissions radio et les opérations radar. Au cours des explosions atmosphériques précédentes, les militaires avaient découvert que les bombes atomiques créent une impulsion électromagnétique (EMP), qui annule les communications radio. La marine voulait également améliorer sa compréhension de l'ionosphère et du comportement de ses particules électriques. Il est possible qu'ils aient considéré les couches de l'atmosphère nouvellement découvertes comme des sources potentielles illimitées d'énergie et de puissance destructrice.

Ces explosions nucléaires créèrent de nouvelles ceintures de radiations magnétiques et injectèrent suffisamment d'électrons et

---
83. *New York Times,* 19 mars 1959.

autres particules énergétiques dans l'ionosphère pour produire des effets à l'échelle de la planète. On ne sait pas combien de temps elles persistèrent, mais on pouvait encore les observer cinq ans après les explosions. Les électrons poursuivirent leur mouvement de va-et-vient le long des lignes de force magnétique nouvellement créées, donnant naissance à des « aurores boréales » artificielles quand ils entraient en collision avec l'atmosphère à proximité du pôle Nord. Il semble que ce phénomène inspira le concept de « bouclier » spatial pour intercepter l'entrée de missiles. Si les processus naturels de la Terre détruisaient les débris entrant, ne pourrait-on pas créer un bouclier artificiel contre les missiles intercontinentaux ?

Les effets produits sur la Terre par le projet Argus ne furent jamais totalement dévoilés. Cependant, à l'hiver 1957, il était manifeste que les essais nucléaires causaient de graves problèmes aux populations vivant près du pôle Nord magnétique.

L'année où ne vint pas le caribou

Les Inuits du lac Baker, près de la baie d'Hudson, sur les Territoires du Nord-Ouest au Canada, m'expliquèrent qu'ils étaient ici des « nouveaux-venus » et que ce n'était que depuis trente ans qu'ils vivaient dans un village. C'était en 1988. Pendant l'hiver 1957-58, les caribous dont ils dépendaient pour leur nourriture, leurs vêtements et leur habitat n'avaient pas migré à travers la toundra septentrionale – chose qui n'était apparemment jamais survenue auparavant, dans les trois mille ans d'histoire orale de leur peuple. Une des femmes parmi les anciennes, dont la peau parcheminée témoignait des nombreuses années d'épreuves, me parla en inuktitut. Mon interprète me regarda : « Elle dit que la mort est venue du ciel. » Le peuple inuit avait vu l'étrange aurore boréale et certains avaient effectué le rapprochement entre ce phénomène et le fait que les caribous les avaient trahis pour la première fois.

Qiayug, l'un des survivants, qui appartenait à la tribu des Ahiamuit – littéralement, le « peuple qui vit à part » – déclara au journal canadien *Globe and Mail*, que, quoiqu'au cours des siècles les Inuits aient parfois souffert de privations, « c'est durant cet hiver-là qu'ils connurent la pire famine dont ils se souvenaient ». Beaucoup moururent de faim. Selon le *Globe and Mail*, « les causes de la pénurie demeurent inexpliquées, qu'elles soient dues à une chasse excessive ou à la rareté du couvert végétal de la toundra ».[84] L'article ne faisait aucune mention de « la mort » venue du ciel.

En réponse à la crise, le gouvernement canadien envoya des hélicoptères dans la toundra au printemps 1958 pour rassembler ceux qui avaient survécu, et établit des colonies pour les Inuits, en leur expliquant qu'ils ne pouvaient pas retourner vivre « sur leurs terres ». Ces colonies étaient des groupements de maisons préfabriquées, étrangères à ce peuple qui les jugeaient beaucoup plus froides que leurs igloos qui possédaient, eux, des feux pour se chauffer et des sols couverts de peaux de caribou. Beaucoup d'Inuits aujourd'hui construisent des igloos près de leur porte d'entrée pour se protéger du vent, de la neige et du froid. Même après toutes ces années, ils se sentent toujours aliénés dans ces villages artificiels.

En 1956, C. E. Miller et L. D. Marinelli, du Argonne National Laboratory, signalèrent qu'on trouvait des retombées de caesium 137 dans les corps humains[85]. Le caesium s'était incorporé dans l'herbe, les légumes, le lait et la viande. Le problème était particulièrement aigu dans l'Arctique où le caesium tendait à se concentrer dans les lichens, dont les caribous se nourrissent pendant les longs hivers polaires. En 1961, Linden Kurt constata que les niveaux de caesium chez les rennes suédois étaient 280 fois plus élevés que dans la viande de bœuf.[86] Le niveau de caesium dans le corps des Suédois vivant en Arctique était trente-huit fois plus important que dans ceux

---

84. *Globe and Mail*, 1er décembre 1988.
85. C. E. Miller et L. D. Marinelli, Measurement of Gamma Rays Activities from the Human Body, rapport n° 5518 du Argonne National Laboratory, 1956.
86. Linden Kurt, *Cesium 137 Burdens in Swedish Laplanders and Reindeer*, Acta Radiologica, Vol. 56, p. 237, 1961.

du sud. Les chercheurs canadiens remarquèrent également que les niveaux de caesium, à la fois chez les caribous et les humains, étaient régulièrement plus élevés entre janvier et juin qu'entre juillet et décembre. Les jeunes caribous naissent au printemps.

Les niveaux de contamination dans les zones entourant le lac Baker étaient les plus élevés, d'après une étude réalisée dans le nord du Canada par la Commission de la santé canadienne (Health Canada).[87] La majeure partie des peuples inuit et dene de cette région ne parlait pas l'anglais, et, même s'ils l'avaient parlé, il était peu probable qu'ils lisent des revues professionnelles, médicales et scientifiques. Personne ne les avait avertis que la viande de caribou était contaminée ou qu'ils avaient eux-mêmes systématiquement de forts niveaux de caesium 137. Le gouvernement évacua le problème, considérant qu'il se résolvait au fur et à mesure que cessaient les retombées nucléaires. Au moment où elles étaient les plus élevées, les analyses montraient que les niveaux maximums très permissifs de l'International Commission on Radiation Protection étaient largement dépassés.[88]

Cependant, les niveaux de caesium ne représentaient pas à eux seuls l'unique preuve des risques pesant sur la santé. Le 30 janvier 1960, le *Canadian Medical Association Journal* remarqua que les taux de cancer dans la partie centrale de l'Arctique étaient vingt fois plus élevés que dans les régions est et ouest.[89] Les zones présentant les pourcentages les plus importants étaient les mêmes que celles ayant de fortes intensités de « lumières nordiques », elles-mêmes en corrélation avec les aurores boréales artificielles causées par les explosions atomiques. Les officiels de la Santé publique commencèrent à constater le nombre stupéfiant de cancers qui

---

87. Études non publiées de Peter M. Bird, PhD, Environnement du Canada, Gouvernement canadien, Ottawa, mai 1965.
88. *Canada and the Human Environment, English Summary*, paragraphe 3.11, Gouvernement canadien, juin 1972.
89. *Incidence of Neoplastic Diseases in Canadian Eskimos* [nom qui n'est plus en usage pour désigner les Inuits], lettre à l'éditeur, *Canadian Medical Association Journal,* vol. 82, 30 janvier 1960, pp. 280-281.

altéraient les fonctions de reproduction et réduisaient l'espérance de vie de la population. Pourtant, aujourd'hui encore, personne ne semble avoir fait le lien entre ce phénomène et les problèmes de reproduction des caribous !

Tous les effets causés par les expositions aux radiations ne sont pas immédiats : c'est avec le temps que les dommages subis par les cellules se manifestent de différentes façons.[90] En 1975, seize ans après l'année fatidique où les caribous avaient disparu de la toundra, le nombre de cancers dans l'Arctique central était monté de 78,4 pour 100 000 à 169,3.[91]

Cette augmentation n'était pas due à l'allongement de la durée de vie, puisqu'elle concernait tous les groupes d'âge confondus. Elle était particulièrement sensible pour les cancers des poumons, et certains incriminèrent l'introduction des cigarettes dans la région. Comment expliquer alors que là où elles avaient été introduites en premier, c'est-à-dire dans la partie ouest de l'Arctique, le taux de cancer était resté stable ? De même, comment expliquer que les cancers des poumons étaient plus nombreux chez les femmes, alors que le chiffre des fumeurs hommes dépassait celui des femmes de 20 % ? Les éleveurs de rennes soviétiques connurent le même héritage nucléaire : le taux de cancers dans la péninsule du Chukotka, au nord-est de la Sibérie, fut deux ou trois fois plus élevé que la moyenne nationale. Selon le Dr Vladimir Lupandin, cité dans l'article, pratiquement chaque famille déplorait un cas de cancer, 90 % de la population était atteinte de maladie chronique des poumons, et un enfant sur dix mourait à la naissance.[92]

---

90. Voir R. Bertell, *No Immediate Danger,* op cit, pp. 20-63.
91. *The changing picture of neoplastic disease in the Western and central Arctic 1950-1980, Earth Island Journal,* hiver 1988-89, p. 11.
92. *Soviet herders suffer effects of nuclear tests,* Associated Press, Moscou, cité dans le *Japan Times,* 18 août 1989.

Plus d'expériences militaires

Fin 1958, il y eut un moratoire sur les essais nucléaires dans l'atmosphère, ce qui n'arrêta pas la poursuite de l'expérimentation dans l'ionosphère. En 1961, le Keesings Historisch Archief signala que les militaires américains envisageaient d'y créer un « bouclier de protection des télécommunications », afin de contrecarrer l'effet du vent solaire interférant dans les communications radio.[93] Ils projetaient de mettre en orbite 480 000 000 aiguilles de cuivre de 2 à 4 cm de long. Les chercheurs espéraient qu'elles formeraient une ceinture de 10 km d'épaisseur sur 40 km de largeur, les aiguilles se situant à 100 m les unes des autres. Les ondes radio pourraient alors rebondir contre ce bouclier artificiel plutôt que contre l'ionosphère, « peu fiable ». Bien que ce projet mît l'accent sur les problèmes de communication radio, il reflètait de nouveau l'idée d'un bouclier spatial, qui gagnait rapidement du terrain dans l'esprit des planificateurs militaires.

Ils mirent l'idée à exécution et lancèrent 480 000 000 aiguilles de cuivre en orbite ![94] Étant donné qu'ils ne se vantèrent pas par la suite de cette expérience et que le plan ne fut pas élargi, nous pouvons en déduire qu'il fut « un échec » et d'aucune utilité pour leurs projets. Quels dommages causa-t-il dans l'atmosphère supérieure si complexe est une question qui demeure sans réponse. Une chercheuse indépendante, Leigh Richmond Donahue, aidée par son mari physicien, Walter Richmond, qui suivait ce type d'expériences dans les années d'après-guerre, écrivit à ce sujet :

> Quand les militaires envoyèrent une masse de minuscules fils de cuivre dans l'ionosphère pour tourner en orbite autour de la Terre « afin de réfléchir les ondes radio et de rendre leur

---

93. Keesings Historisch Archief (K. H. A.), 13-20 août 1989.
94. Nigel Harle, *Le Saccage des ceintures de Van Allen*, *Earth Island Journal*, hiver 1988-89, p. 11.

Chapitre 2

réception plus claire », il y eut un séisme de magnitude 8,5 en Alaska et une bonne partie de la côte du Chili fut emportée. La masse de fils de cuivre interféra avec le champ magnétique planétaire.[95]

Bien que rien ne puisse permettre d'affirmer que cette hypothèse soit juste ou fausse, elle fut cependant avancée par des scientifiques sérieux, et c'est à partir de là qu'on tenta d'établir un rapport entre les perturbations produites par l'homme dans l'atmosphère et les catastrophes violentes et inattendues qui surviennent à la surface du globe.

Les géophysiciens civils furent tenus à l'écart de ces expériences, seules quelques bribes d'information étant mises à la disposition du public. Même en ne disposant que de rares éléments, l'Union internationale des astronomes s'opposa fortement à ce plan d'ensemencement de l'ionosphère avec des aiguilles de cuivre. Personne ne sait finalement quels en furent les résultats réels, et les militaires n'en parlèrent pas. Il faudrait que les effets observés soient rendus publics, afin que ceux qui sont concernés par de telles expériences puissent en analyser les acquis.[96]

Le projet Starfish (1962)
Après un bref répit, les États-Unis levèrent l'interdit sur les essais nucléaires atmosphériques en 1962 et commencèrent le 9 juillet une nouvelle série d'expériences dans l'ionosphère. D'après leurs déclarations, elles devaient comporter « un dispositif d'une kilotonne à une hauteur de 60 km et deux autres de respectivement une mégatonne et une multi-mégatonne à une altitude de plusieurs centaines de kilomètres. »[97] Ces essais perturbèrent sévèrement la

---
95. Nick Begich et Jeane Manning, *Angels Don't Play This Haarp,* Earthpulse Press, Anchorage, AK, 1995, p. 53.
96. NdÉ : Pour plus d'information sur ce projet intitulé « West Ford » ou « Westford Needles », lire *L'Arme environnementale,* Patrick Pasin, Talma Studios, 2018.
97. K. H. A. 29 juin 1962.

ceinture intérieure de Van Allen et altérèrent considérablement sa forme et son intensité.

> Au cours de cette expérience, la ceinture intérieure de Van Allen sera pratiquement détruite pendant un certain laps de temps ; des particules de cette ceinture pénétreront dans l'atmosphère. On prévoit que le champ magnétique terrestre soit perturbé sur de longues distances pendant plusieurs heures, interrompant les communications radio. L'explosion dans la ceinture de radiations intérieure créera un dôme artificiel de lumière polaire, visible depuis la ville de Los Angeles.[98]

Ce fut l'un des essais qui provoquèrent au Royaume-Uni les vives protestations de Sir Martin Ryle, astronome de la Reine, et l'incita à devenir un éminent activiste anti-nucléaire.

Quand j'appris l'existence de ces tests, je me souvins de l'histoire qu'un ancien marin des Fidji m'avait racontée en 1987. Je fis la connaissance de Togea (nom d'emprunt) dans une charmante île du Pacifique, à Vanuatu, à quelque distance de son île natale. C'était un bel homme d'une quarantaine d'années, à la raideur caractéristique de celui qui a servi dans l'armée. Assistant à l'une de mes conférences, Togea m'entendit mentionner les tests atmosphériques pratiqués dans le Pacifique entre 1946 et 1963. C'est avec un air résolu qu'il me demanda de venir chez lui pour rencontrer sa femme. Quelque chose de pressant dans son regard me fit accepter son invitation.

Leur maison était modeste et confortable, et son épouse manifesta une surprise évidente de le voir conduire chez eux une femme blanche d'âge moyen. Elle prépara du thé, sortit sa plus jolie vaisselle et des gâteaux, puis s'assit à nos côtés pour comprendre l'objet de ma visite. Avec beaucoup de gravité et de précaution, Togea se mit à raconter son histoire, qu'il avait gardée pour lui depuis vingt-cinq

---
98. K. H. A. 11 mai 1962.

Chapitre 2

ans. Il était entré dans la marine fidjienne à l'âge de dix-sept ans et fut envoyé en juillet 1962 rejoindre la marine britannique pour participer à des exercices communs sur l'île Christmas. Il nous sortit un petit livret, fourni par les autorités britanniques, qui, dit-il, avait été distribué à chacun des marins et présentait les îles du Pacifique en général et l'île Christmas en particulier, ancienne colonie de la Couronne proche de l'équateur, au milieu de l'océan.[99] Elle est maintenant indépendante et fait partie de la république de Kiribati. Le livret affirmait que ces îles étaient « inhabitées et sans utilité », et qu'on pouvait les utiliser pour tester de nouvelles armes militaires – en l'occurrence, des bombes à hydrogène. Togea réalisa plus tard que ce document déclarant que les îles ne présentaient « aucune utilité » était un mensonge, mais il était trop jeune pour remettre en cause cette affirmation.

Ce test nucléaire était une mission super secrète, et Togea ne savait pas à quoi s'attendre. La nuit avant l'explosion, alors que leur navire avait pris position, on leur apporta des caisses de bière en leur indiquant de les « vider », car ils ne passeraient peut-être pas la nuit. Togea ne réussit pas à dormir. L'idée de la mort le hantait et il avait peur.

Tôt le lendemain matin, la bombe à hydrogène explosa – une bombe à fusion nucléaire multi-mégatonnes. La mer se déchaîna et le navire se mit à danser comme une coque de noix. Une énorme colonne d'épaisse fumée noire et rouge menaçante s'éleva au-dessus du petit atoll et, en l'espace de quelques minutes, un sinistre feu rugissant emplit le ciel ; le navire se trouvait juste en dessous du « champignon » de nuage. Togea crut que c'était la fin du monde. Il me demanda si la force de l'explosion pouvait empêcher la Terre de tourner, car, durant quelques secondes, il eut l'impression qu'elle s'était arrêtée. Les hommes étaient tellement pétrifiés de terreur

---

99. L'île Christmas se situe à 2° de latitude nord et 157° de longitude ouest. Bien qu'elle soit utilisée comme site d'essais nucléaires et malgré la présence de résidus de radioactivité, elle est de nouveau « ouverte au monde des affaires » et proposée au tourisme et autres industries.

qu'ils ne pouvaient plus parler, même à leur voisin. Le feu envahit le ciel pendant trois jours. Après avoir vérifié les dates et d'autres sources d'information, je suis convaincue qu'il s'agissait du projet Starfish.

À leur retour aux Fidji, on leur ordonna de ne parler à personne de l'expérience qu'ils avaient vécue. Togea nous dit que cela ne posait aucun problème : qui les aurait crus ? De quelle façon auraient-ils pu expliquer ce qui s'était passé ? Il me montra alors sur sa jambe une plaie ouverte qui ne s'était plus refermée depuis ce jour fatal. Aucun docteur n'avait pu la soigner ni même déterminer son origine. Pour Togea, sa présence lui remettait constamment en mémoire son atroce et indicible expérience. Plus tard, quand il en apprit plus au sujet des bombes nucléaires et des radiations, il se demanda s'il développerait un cancer ou si ses enfants naîtraient avec des infirmités. Quand il décida de se marier, il avait encore peur d'en parler, à cause de l'interdiction des autorités et parce qu'il redoutait que sa future femme ne mette fin à leur projet en l'apprenant. Tous les évènements heureux qu'il vécut ensuite – la naissance de ses deux filles et, plus tard, l'annonce qu'il allait devenir grand-père – furent assombris par la crainte que les radiations auxquelles il avait été exposé ne provoquent des maladies chez ceux qu'il aimait. Sa femme, qui n'avait jamais rien su de sa terrible anxiété ni compris les causes de son comportement étrange, semblait à la fois émue et désorientée.

Pendant plusieurs heures, je laissai Togea et sa femme parler d'années d'évènements passés qu'ils n'avaient jamais eu la possibilité de partager. Je les rassurai de mon mieux, leur dis que tout ce qu'ils avaient vécu de positif jusqu'à ce jour était un bon présage, et que, même si leurs pires craintes se réalisaient, ni un cancer ni une infirmité chez un enfant ne sont la fin du monde. Pourtant, eux comme moi savions que commettre des dommages à un être humain ou à notre Terre est un crime contre la vie elle-même.

Chapitre 2

Nous avions pris le risque de faire exploser des bombes nucléaires dans le ciel avant même de connaître ce qu'il était et son rôle pour la protection de la biosphère, en exposant les populations aux radiations longtemps avant que quiconque sache simplement combien cela pouvait être dangereux.

Bien que la description du projet Starfish dans *Keesings Historisch Archief* utilise des mots moins chargés d'émotion, elle est tout autant choquante :

> En fonction des connaissances actuelles, l'ionosphère, cette partie de l'atmosphère qui se situe entre 65/80 et 280/320 km d'altitude, sera perturbée par les forces mécaniques provenant de la pression du souffle qui suivra l'explosion. Simultanément, de grandes quantités de radiations ionisantes seront libérées, qui ioniseront à leur tour les composants gazeux de l'atmosphère se trouvant à cette altitude. Cet effet d'ionisation sera renforcé par les radiations émises par les produits de fission...[100]

> Le 19 juillet... la Nasa annonça que, à la suite du test nucléaire pratiqué en haute altitude le 9 juillet, une nouvelle ceinture de radiations s'était formée et qu'elle s'étendait à une altitude entre 400 et 1 600 km de la Terre ; on peut la considérer comme une extension de la ceinture intérieure de Van Allen.[101]

Plus tard, en 1962, les Russes entreprirent des expériences similaires et créèrent trois nouvelles ceintures de radiations entre 7 000 et 13 000 km de la surface de la Terre. Les flux d'électrons dans la ceinture de Van Allen intérieure changèrent de façon significative après ces explosions nucléaires de haute altitude et jamais ne retrouvèrent leur état d'origine. D'après les scientifiques américains, il faudra peut-être des centaines et des centaines

---

100. K. H. A., 11 mai 1962.
101. K. H. A., 5 août 1962.

d'années avant qu'elles ne se re-stabilisent à leurs niveaux normaux.[102] Environ dix ans plus tard, on découvre également que les 300 mégatonnes d'explosions nucléaires déclenchées entre 1945 et 1963 avaient appauvri la couche d'ozone d'environ 4 %.[103] La prise de conscience après coup est excellente, à condition de savoir en tirer les conclusions. Ces expériences montrent clairement combien il est dangereux de les entreprendre avant d'en connaître les conséquences.

Les essais nucléaires des années 1940 à 1960 endommagèrent sérieusement notre environnement, mais ce fut également durant cette période que les peuples de la Terre créèrent des mouvements de paix naissant du désir de guérir plutôt que de nuire. Sous la pression intense de l'opinion publique, la Grande-Bretagne, les États-Unis et l'ancienne Union soviétique signèrent en 1963 le Traité d'interdiction partielle des essais nucléaires. Ce ne fut toutefois pas la fin de ce type d'essais : n'étant pas parties à ce traité, la France, la Chine, l'Inde et le Pakistan continuèrent de les pratiquer à basse altitude, sur une échelle plus restreinte, pendant vingt-cinq ans. Après la signature, les États-Unis, le Royaume-Uni et la Russie poursuivirent la plupart de leurs essais nucléaires sous terre. Le traité n'interdisait ni la libération de radioactivité dans l'air ni la poursuite de l'exploration de l'espace avec des fusées.

La fusée Saturne V (1973)

Un accident en 1973 devait changer le cours de l'expérimentation spatiale. Il prouve, une nouvelle fois, l'ignorance des scientifiques qui utilisaient l'ionosphère sans la comprendre. Le lancement de la fusée Saturne nécessite 3,45 millions kg de combustible uniquement pour la poussée initiale. Il en consomme ensuite 12 700 kg par seconde pendant environ 150 secondes pour la

---

102. Comme expliqué dans *The High Energy Weapons Archive*, dans *Science et Technologie*, Encyclopaedia Britannica, 2000.
103. *Long-term Effects of Multiple Nuclear-weapon Detonations,* US National Academy of Science, 1975.

Chapitre 2

deuxième impulsion, afin d'atteindre l'altitude et la vitesse désirées. À cause d'un dysfonctionnement de Saturne V, lors du lancement de Skylab, le deuxième propulseur prit feu à une altitude inhabituelle de l'atmosphère, au-delà de 300 km.

Cet incident se produisit au-dessus de l'Atlantique sud, à l'endroit où les ceintures de Van Allen plongent vers la Terre. La zone brûlée généra « un énorme trou dans l'ionosphère », selon ce que rapporta M. Mendillo en 1975.[104] Cet accident réduisit la somme totale d'électrons de l'atmosphère de plus de 60 % sur une zone de 1 000 km de rayon, et l'effet dura pendant plusieurs heures, interrompant toutes les communications radio sur une distance étendue. Le « trou » provenait, apparemment, de la réaction entre les gaz d'échappement de la fusée et les ions d'oxygène de l'ionosphère. Ce fut une surprise pour les scientifiques qui pensaient, ou qui, très optimistes, avaient présumé que les gaz de la fusée ne produiraient aucune interaction chimique avec l'ionosphère.

Cette réaction provoqua un embrasement du ciel, au moment où les particules radioactives entrèrent en collision avec les gaz d'échappement dans l'atmosphère inférieure, identique à celui déclenché par les bombes nucléaires dans l'atmosphère supérieure. Ces embrasements artificiels sont semblables aux aurores naturelles que le Soleil produit aux pôles magnétiques lorsque des particules débordent de la magnétosphère dans l'ionosphère, mais ils diffèrent sur un point important et étonnant : les aurores naturelles sont plus faibles quand le Soleil est à son maximum d'activité – juste l'opposé de ce à quoi on pourrait s'attendre. En effet, en période de forte activité, le Soleil libère plus de rayons ultraviolets, « renforçant » la magnétosphère terrestre et la rendant plus apte à gérer l'influx de particules. Par conséquent, il n'est pas si facile de surcharger les ceintures de Van Allen. Une « surcharge » artificielle de la magnétosphère n'a pas cet effet modérateur, car la quantité de rayons ultraviolets n'est pas augmentée.

---

104. M. Mendillo, et al. *Science,* Vol. 187, p. 343, 1975.

À la suite de l'observation de cet embrasement inattendu causé par la fusée Saturne, la Nasa et l'armée commencèrent à mettre au point des tests pour explorer ce nouveau phénomène, en le recréant de façon délibérée dans l'ionosphère, ce qu'ils appelèrent « Expériences pour expliquer les aurores boréales par la création de luminescences artificielles similaires ». Réalisées sur l'ensemble du globe entre 1975 et 1981, elles furent suivies d'une nouvelle série de tests impliquant la navette spatiale qui venait d'être créée.

Le système de mise en orbite (SMO)

Durant les années 1980, le lancement des fusées atteignit un nombre total de 500 à 600 par an, avec une pointe jusqu'à 1 500 en 1989 (avant la guerre du Golfe). La navette spatiale née pendant cette période est la plus grande des fusées à carburant solide, couplée à deux lanceurs spatiaux de 45 mètres. Toutes les fusées à carburant solide laissent échapper de grandes quantités d'acide chlorhydrique ; chaque vol de la navette spatiale injecte environ 187 tonnes de chlore et 7 tonnes d'azote dans l'atmosphère, deux produits connus pour détruire la couche d'ozone, ceci en addition des 387 tonnes de dioxyde de carbone libérées. L'ingénieur aérospatial soviétique, Valery Brudakov, calcula que le lancement de 300 navettes spatiales pourrait à lui seul éliminer le pouvoir protecteur de la couche d'ozone terrestre.[105]

En 1981, lors de la mission Spacelab 3 de la Nasa, la navette spatiale passa à plusieurs reprises au-dessus d'un réseau de cinq observatoires au sol, afin d'étudier ce qui se produisait dans l'ionosphère quand la navette y injectait des gaz avec le système de mise en orbite (SMO). Les chercheurs découvrirent qu'ils pouvaient « causer des trous dans l'ionosphère », et commencèrent une série d'expériences en créant des trous de jour et de nuit au-dessus de Millstone (Connecticut) et d'Arecibo (Porto Rico). Ils utilisèrent ensuite cette diminution du plasma artificiellement induite pour

---

105. *Environment News Service Daily,* 13 février 1992.

Chapitre 2

étudier d'autres phénomènes spatiaux tels que l'augmentation des instabilités du plasma et la modification des voies de propagation des ondes radio. La mise à feu du SMO le 27 juillet 1985, qui dura 47 secondes et au cours de laquelle furent déversés 830 kg de gaz d'échappement dans l'ionosphère au coucher du Soleil, généra le trou ionosphérique le plus notable par sa taille et sa durée.

La libération de 68 kg de produits d'échappement, suite à une mise à feu de 6 secondes du SMO au-dessus du Connecticut en août 1985 produisit un embrasement de l'air couvrant 400 000 km^2.

C'est en 1986 que des scientifiques civils établirent l'existence d'un second trou dans la couche d'ozone, au-dessus de l'Antarctique. Le premier trou causé par les essais nucléaires avait alors commencé à se « réparer ». Pour quelle raison cependant devrions-nous nous soucier de cette mince couche d'ozone, à environ 40 km au-dessus de nos têtes ? Des scientifiques estimèrent qu'une perte d'ozone d'1 % entraînerait l'augmentation d'1 à 3 % des rayons ultraviolets frappant la Terre, ce qui provoquerait l'accroissement du taux des cancers de la peau et affecterait toutes les formes de vie. Cela changerait également la répartition des températures dans la stratosphère, avec des effets potentiels sur le réchauffement climatique[106]. À seulement 20 % de réduction de cette couche protectrice, les êtres humains se couvrirait de cloques, causant l'augmentation probable des cancers de la peau et la baisse du système immunitaire, donc potentiellement le développement d'autres types de cancer, ainsi que l'accroissement du nombre de cataractes. Il est aussi estimé que les récoltes se dessècheraient et prendraient feu, que les crevettes et le plancton seraient tués ou détériorés à la surface des océans, et que la totalité de la chaîne alimentaire commencerait à s'effondrer. Les experts estiment que sur cette Terre dégradée, les hommes ne pourraient survivre plus de deux ans.

---

106. *Encyclopaedia Multimedia* Grolier, août 1996.

Nous avons déjà noté que la couche d'ozone dans l'hémisphère nord avait été réduite d'environ 4 % par les essais de bombes nucléaires atmosphériques à partir de 1940 et jusqu'aux années 1970[107]. Entre 1978 et 1990, la couche d'ozone de l'hémisphère nord diminua de 4 à 8 % supplémentaires, et de 6 à 10 % dans l'hémisphère sud.

Les effets des gaz d'échappement des fusées et les essais atmosphériques ne sont toutefois pas les seuls dangers auxquels les programmes spatiaux soumettent l'environnement. Des fusées à propulsion nucléaire commencèrent à se multiplier au début des années 1990, sous la présidence de George H. W. Bush, qui les considéra suffisamment puissantes pour transporter et utiliser des armes dans l'espace, et également accélérer les voyages à bord de vaisseaux interplanétaires.

Les fusées à propulsion nucléaire

Les projets que le Pentagone désire garder secrets et dont il ne veut pas informer le US Senate Oversight Committee (« Comité de surveillance sénatorial ») portent le nom de « black projects ». Un budget limité est alloué chaque année à de tels projets portant sur la sécurité nationale, en dehors de tout contrôle. L'un de ceux qui aient fuité dans la presse, connu sous le nom de Timberwind, apparaît comme l'un des mieux financés et détaillés sur le sujet des fusées. Il s'agit d'un programme classifié incluant une fusée à propulsion nucléaire, développé au Sandia Laboratory, au Nouveau-Mexique, et testé à Saddle Mountain, au Nevada. Il nécessitait le test sous-orbital pendant soixante-quinze secondes d'une fusée nucléaire au-dessus de l'Antarctique et peut-être de la Nouvelle-Zélande, en avril 1991.

---
107. *Long-term Effects of Multiple Nuclear Weapons Detonations,* op. cit.

Chapitre 2

Une fusée nucléaire ne tire pas sa puissance de la combustion chimique, comme la plupart des moteurs de fusées : elle chauffe un combustible tel que l'hydrogène dans un générateur thermique radio-isotope (un RTG), puis l'expulse à très grande vitesse, produisant ainsi la poussée initiale. L'efficacité de ce procédé peut être deux fois supérieure à celle d'un combustible chimique, et il propulse la fusée à environ deux fois la vitesse des autres fusées de taille comparable. Ces générateurs thermiques sont chargés avec environ 10,9 kg de dioxyde de plutonium (une forme de céramique principalement composée de l'isotope 238 du plutonium) et doivent être opérationnels dès le début du lancement, ce qui signifie qu'ils ne peuvent être lancés « à froid », dans un contexte de plus grande sécurité. Un accident au décollage disperserait du plutonium sur une très large zone.

Cela peut réellement se produire, les désastres étant légion dans l'histoire des programmes spatiaux. Le premier accident spatial majeur qui affecta sérieusement la Terre se produisit le 21 avril 1964 avec la fusée américaine SNAP-9A : les 17 000 curies de plutonium qu'elle transportait furent dispersés sur une grande superficie du globe. On peut encore détecter le plutonium dans le sol et le squelette des hommes et des animaux. En 1997, il y avait deux fusées SNAP-9A en orbite, chacune transportant 17 000 curies de plutonium et devant le disperser à la fin de leur mission, comme l'avait fait la fusée de 1964. Il faut aussi prendre en compte le coût humain : le 27 janvier 1967, Apollo 1 prit feu sur sa rampe de lancement et les trois astronautes américains coincés à l'intérieur ne purent en réchapper ; le 24 avril 1967, le système de pilotage et les parachutes furent défaillants lors de la descente de la capsule soviétique Soyouz, et le cosmonaute y laissa la vie ; trois autres cosmonautes furent tués le 30 juin 1971, lorsqu'une soupape de sécurité s'ouvrit par erreur pendant la descente de leur capsule spatiale. Le drame au bilan le plus lourd se produisit le 28 janvier 1986, lors de l'explosion de la navette Challenger quelques secondes après le décollage, tuant les sept membres de l'équipage.

La conception des fusées nucléaires est due au Brookhaven Laboratory de Long Island et à Babcock et Wilcox, la société privée qui conçut le réacteur déficient de Three Mile Island. Le Sandia Laboratory estimait qu'il y avait 4,3 chances sur 10 000 que la fusée du projet Timberwind s'écrase sur la Nouvelle-Zélande, libérant alors de grandes quantités de plutonium. Avant le décollage de Challenger, les autorités avaient estimé la probabilité d'une catastrophe à une chance sur un million.

Le projet Galileo (1989)
Une autre tentative de lancer de l'énergie nucléaire dans l'espace fut le projet Galileo, équipé de deux générateurs thermiques. Le vaisseau spatial, construit en Allemagne, fut lancé le 18 octobre 1989 de la navette spatiale Atlantis. Par deux fois, son orbite s'approcha dangereusement de la Terre, mais, fort heureusement, il n'explosa ni ne s'écrasa, malgré des calculs de probabilité prévoyant une telle éventualité. Pour des raisons inconnues, son antenne principale refusa de se déployer et un magnétophone de bord sembla s'obstiner à fonctionner à l'envers. Après un long voyage de 3,6 milliards km, Galileo arriva à proximité de Jupiter où les vents soufflent à 400 km à l'heure et la foudre est 100 à 1 000 fois plus puissante que sur terre. Une gigantesque tempête y règne depuis des siècles, qui se manifeste par la mystérieuse Grande Tache rouge à la surface de la planète.

Quand Galileo fut positionné à 208 000 km au-dessus de Jupiter, deux vaisseaux robots furent projetés dans l'atmosphère de la planète. À presque cinquante fois la vitesse d'une puissante balle de fusil, ils traversèrent les nuages d'ammoniac et envoyèrent des signaux à la fusée mère, qui les transmit aux scientifiques du Jet Propulsion Laboratory de la Nasa, à Pasadena, Californie. Ils furent reçus le 8 décembre 1995. Les petits vaisseaux robots devaient

Chapitre 2

mesurer les tempêtes de poussière qui tourbillonnent autour de Jupiter dans son champ magnétique et sont dues à l'extrême rapidité de la rotation de la planète sur elle-même (en seulement dix heures). Ils échantillonnèrent également des atomes de souffre et d'oxygène piégés dans l'ionosphère de Jupiter. Il était prévu que les deux sondes s'enflamment au bout d'environ trois heures et demie, tandis que la fusée mère orbiterait onze fois autour de Jupiter.

Si les informations envoyées à la Terre furent intéressantes, elles n'en coutèrent pas moins de presque deux milliards de dollars[108]. En combinant l'engagement de la collectivité et une bonne politique gouvernementale, cette somme aurait pu financer des logements décents pour vingt millions d'habitants des pires bidonvilles du monde, à une époque où les États-Unis et les autres nations occidentales procédaient à des réductions sans précédent des aides et des prestations de sécurité sociale.

Les astronomes furent particulièrement enthousiastes en juillet 1994, car la nature se joignit à leur quête d'information sur la formidable énergie que recèle l'atmosphère de Jupiter en produisant la dislocation progressive de la comète Shoemaker-Levy à l'approche de la planète, puis leur collision. Cette comète était énorme et certaines de ses parties présentaient la taille d'une petite montagne. Galileo, alors à 240 millions km, fut cependant capable d'envoyer des informations concernant l'impact. À l'observatoire McDonald à Fort Davis, Texas, les astronomes « couraient en tous sens comme des gamins pris de vertige parce qu'ils pouvaient voir la structure des taches. C'est tellement amusant de voir Jupiter changer sous vos yeux. »[109] Je vois là un fait révélateur de notre incapacité à concevoir les planètes comme une simple partie d'un merveilleux tout interactif ; une collision sur une planète peut se répercuter à travers tout l'ensemble du système solaire. Comme un dicton amérindien le dit très bien : « Tout est lié. »

---
108. *Istanbul, Turkey at the Habitat II Summit*, Reuters, 4 juin 1996. Les chiffres sont ceux de la Banque Mondiale.
109. *USA Today*, 21 juillet 1994, p. 3A.

Cette comète eut un impact sur le champ magnétique sud de Jupiter, en accélérant vers le nord la course des particules chargées et générant ainsi des milliers de volts d'électricité. Les scientifiques ne s'attendaient pas à ce que les effets de l'impact se manifestent au pôle opposé à la zone de collision. Ces « surprises » montrent simplement combien la science connaît peu de choses des processus atmosphériques.

La mission Ulysse (1990)
Premier grand vaisseau spatial propulsé par deux générateurs thermiques au plutonium (RTG), Galileo fut lancé après une dizaine d'années de protestations citoyennes. Néanmoins, immédiatement après son lancement, la Nasa annonça son projet d'une nouvelle opération similaire, la mission Ulysse, d'ici moins d'un an, suivie par d'autres missions. L'envoi de plutonium dans l'espace devait devenir une activité de routine.

Dans la perspective de cette mission Ulysse, la Nasa prépara une Première déclaration d'impact environnemental (DEIS), considérée par de nombreux scientifiques comme un document mensonger, prétendant justifier une décision en fait déjà prise.[110] La Nasa annonçait qu'elle utiliserait un générateur thermique alimenté par un combustible au plutonium, et, dans une note du Registre fédéral des États-Unis, déclarait qu'elle n'envisagerait aucune alternative pouvant retarder son programme, « quels que soient les commentaires de l'opinion publique ».

La Nasa invitait les citoyens à exprimer leurs commentaires sur ses projets, mais, en fait, les documents clés sur lesquels reposait la Déclaration d'impact environnemental étaient difficilement accessibles aux scientifiques indépendants, particulièrement dans les délais qui étaient accordés. Le processus mit également en évidence la difficulté d'entraîner la participation citoyenne dans des

---

110. Committee to Bridge the Gap, lettre au D' Dudley McConnell, directeur adjoint, Advanced Programs, Solar System Exploration Division (Code EL, Nasa, 6 avril 1990).

Chapitre 2

décisions concernant la recherche atmosphérique. Dans le cas d'un projet au sol, tel que le choix d'un terrain pour des tests militaires ou établir un dépôt d'armes, il y aurait des réunions publiques, des avis émis par des scientifiques locaux, des comités de citoyens pour organiser la surveillance, des investigations de la part des médias, des auditions pour défendre l'environnement, et tout autre examen pouvant éclaircir la situation. En revanche, les projets dans l'espace ne semblent pas concerner le commun des mortels, c'est pourquoi leur danger paraît moins immédiat. Même quand une pluie accidentelle de plutonium se produit, elle est invisible, inaudible et sans saveur ; il est, par conséquent, difficile d'éveiller l'intérêt du public. Cette situation est d'autant plus compliquée que le secret militaire intervient dans tous les programmes spatiaux.

La fusée Ulysse est conçue pour transporter vingt-quatre livres de plutonium. Dans les expériences faites sur des chiens beagle, afin d'en analyser les effets, le gouvernement américain ne trouva jamais de dose suffisamment faible qui ne provoque pas de cancer des poumons. Si Ulysse avait explosé, le plutonium aurait été dispersé sur une vaste zone géographique. La Nasa estime que la probabilité d'un tel accident est de 1 sur 10 millions. Comme nous l'avons déjà vu, de telles statistiques sont tout sauf rassurantes.

La mission Cassini (1997)

En octobre 1997, la Nasa lança une fusée à destination de Saturne. Du nom de Cassini, elle contenait trois générateurs thermiques (RTG) fonctionnant avec 72,3 livres (32,7 kilos) de plutonium 238, qui est 280 fois plus mortel que le plutonium 239 généralement utilisé. Cette fusée devait suivre une route complexe : survoler d'abord Vénus, puis la Terre, et seulement ensuite se diriger vers Saturne[111].

---

111. Un « survol », en astronautique, est ce qui permet d'obtenir l'assistance gravitationnelle d'un corps céleste pour s'élancer beaucoup plus loin que ne le permettrait le carburant embarqué dans la sonde (qui ne pourrait pas même décoller !). Tous les vols astronautiques ont des trajectoires de ce genre, jamais directes, mais toujours calées sur la mécanique céleste afin de profiter d'un maximum d'élan. NdT.

Un « survol » signifie que la fusée entre dans l'atmosphère de la planète, reçoit une poussée due à la gravité et la rotation de cette dernière, ce qui change la direction de la fusée et augmente sa vitesse. De telles manœuvres mettent gravement la fusée en danger de prendre feu et de disperser le plutonium.

La Nasa commença l'élaboration de Cassini en 1992, le projet le plus ambitieux à ce jour, avec un coût estimé à 3,4 milliards de dollars. En avril 1997, Cassini fut transportée en secret au Kennedy Space Center, en Floride, et déplacée à la fin de l'automne 1997 vers une rampe de lancement, en un lieu solidement gardé, à la Cape Canaveral Air Force Station, où elle fut chargée sur une fusée Titan 4B. La base fut mise en alerte « Threat con Alpha », jargon militaire pour désigner des conditions de sécurité renforcée afin d'empêcher tout acte de terrorisme.

Des scientifiques et des activistes élevèrent des protestations contre le vol de Cassini, mais le plus impressionnant parmi ceux qui prirent la parole fut Alan Kohn, un ancien salarié de la Nasa, maintenant à la retraite après trente ans de service, qui était l'officier responsable des états d'urgence, à la fois pour les missions Galilée et Ulysse, et membre du Radiological Emergency Force Group (Groupe des forces d'urgence radiologique). Il prit la parole en 1997 pour alerter le public des dangers du lancement de Cassini.[112]

Dans le discours qu'il prononça devant les grilles de la Cape Canaveral Air Force Station, il affirma qu'on lui avait indiqué que « son boulot était ''cosmétique'' (superficiel), et qu'en cas de désastre, évènement très improbable », il pourrait prendre toutes les mesures de protection nécessaires – mesures qui n'existaient pas. Selon lui, « l'unique mesure que j'aurais pu prendre dans ce cas, bien sûr, était de pisser dans mon froc ! » Il ajouta qu'on lui avait expliqué : « Reste tranquille, fais profil bas, veille à ce que le public ne sache rien et, par dessus tout, ne laisse pas les groupes

---

112. Discours prononcé devant les grilles de la Cape Canaveral Air Force Station, le 24 juin 1997, à la manifestation de Florida Coalition for Peace and Justice contre Cassini.

de protestataires apprendre qu'il y a un quelconque danger ». Alan Kohn déclara dans son discours :

> Je désobéis aux ordres. Je fis en sorte que tous les bâtiments soient transformés en abris nucléaires, que les circuits d'air conditionné soient coupés, que les portes soient étanches, que tout le personnel qui devait travailler en extérieur porte des combinaisons de protection et des masques à gaz munis de filtres HEPA (contre les radiations). Je leur fournis des détergents. Je leur dis de n'inviter personne au moment des décollages. Ils firent venir des amis malgré tout. Et d'ailleurs, au centre de contrôle de la mission, lorsque je dis « Pas de visiteur », je reçus une ovation des employés de la Nasa... Les gens m'applaudirent parce qu'ils étaient d'accord avec moi. Ils ne me soutenaient pas publiquement, mais leurs applaudissements suffisaient à me montrer que de ce côté-ci des grilles, du côté du gouvernement, il y a beaucoup de gens qui sont d'accord avec vous, citoyens qui protestez, mais parce qu'on abuse de leur loyauté, ils ne sont pas libres – ils pensent qu'ils ne le sont pas – de parler ouvertement. Je ne suis pas d'accord. On doit d'abord être loyal envers le public. On doit d'abord être loyal envers le contribuable. Nous devons d'abord être loyaux les uns envers les autres, envers nos propres familles.

Un autre employé de la Nasa, James Ream, âgé de cinquante-six ans, craignait également que des retombées de plutonium ne se produisent, et il se joignit aux manifestations anti-Cassini les 24 et 31 juillet. Après avoir participé aux rassemblements, il raconta que les officiels chargés de la sécurité au Kennedy Space Center l'avaient interrogé et lui avaient demandé de signer une lettre dans laquelle il promettait de ne pas « aider des protestataires à s'infiltrer sur la base de Cap Canaveral pour interrompre le lancement ». Le 26 août, il se présenta devant le conseil municipal de Titusville (la municipalité la plus proche du site de lancement) et demanda aux conseillers de prendre une résolution contre le lancement de la fusée. À la suite de quoi, il fut suspendu de ses fonctions et de son salaire les 11 et 12 septembre pour « faute professionnelle commise en dehors du cadre de ses fonctions ». Il travaillait pour la Nasa depuis 1966, et, d'après Ken Aguilar, directeur du personnel au Kennedy Space Center, il n'y avait aucun avertissement dans son dossier et il n'avait jamais été suspendu auparavant.[113]

Le lancement eut lieu le 6 octobre 1997 et, en août 1999, Cassini frôla à nouveau la Terre[114]. Fort heureusement, aucun désastre ne se produisit. Le trajet total jusqu'à Saturne doit durer sept ans, et la fusée y tournera en orbite pendant quatre ans si tout se passe comme prévu[115].

Des chercheurs européens sous contrat avec l'Agence spatiale européenne entreprirent une étude pour mesurer si la mission Cassini aurait pu atteindre les objectifs prévus en utilisant une source d'énergie solaire inoffensive. Les Européens développèrent des panneaux solaires en silicone d'un très haut rendement énergétique, prometteurs pour des missions dans l'espace lointain. Cette étude démontra qu'il est réellement possible d'utiliser l'énergie solaire pour des voyages interplanétaires, mais les États-Unis affichèrent leur préférence pour les générateurs thermiques (RTG), pour la bonne raison, pense-t-on, que ces derniers produisent de l'énergie en surplus qui pourrait alimenter des armes en cas de conflit.

Les États-Unis lancèrent vingt-quatre fusées à puissance nucléaire et trois explosèrent. Les Russes en lancèrent trente-neuf,

---

113. Robyn Suriano, *Nasa Worker Suspended for 2 Days*, *Florida Today*, 13 septembre 1997.
114. La sonde frôla la Terre le 18 août 1999, à 1 172 km au-dessus du Pacifique sud-est pour bénéficier de son assistance gravitationnelle (http://pgj.pagesperso-orange.fr/Cassini-Huygens.htm), NdT.
115. La sonde est restée en orbite autour de Saturne et a poursuivi sa mission jusqu'au 15 septembre 2017 (https://www.youtube.com/watch?v=V5Ho30EMRm-4http://saturn.jpl.nasa.gov), NdT.

Chapitre 2

six furent détruites par accident.[116] Aucune ne transportait autant de plutonium que la fusée Cassini. Les scientifiques calculèrent qu'au moins vingt millions de personnes auraient pu développer un cancer des poumons si elle avait explosé près d'une zone habitée.[117]

Questions soulevées par la recherche

Le programme spatial coûta des fortunes et présenta bien des dangers. Autre point également inquiétant : toutes les recherches atmosphériques que nous avons décrites dans ce chapitre furent entreprises par l'armée, et, à cause du secret qui protège la recherche militaire, il n'est pas toujours facile pour le public d'en appréhender toutes les conséquences possibles. Que dire, cependant, de la valeur de la recherche : le programme spatial n'a-t-il pas conduit à de merveilleuses découvertes sur le système solaire dans lequel nous vivons ?

On pourrait comparer notre société, dépendante des militaires, à une famille dans laquelle un membre a développé une addiction et réclame des sommes d'argent et des ressources énormes pour la satisfaire. Le reste de la famille se sent prisonnière et s'arrange du manque de ressources plutôt que d'importuner la personne accro, qui, d'un autre côté, procure la sécurité dans un monde dangereux. Il est même probable que la famille ait du mal à imaginer une possibilité de survivre en dehors de cette dépendance.

Personnellement, je suis sûre que pour progresser dans la science de façon positive, nous n'avons pas besoin de vivre dans cette dépendance militaire. Le problème de cette recherche est qu'elle avance dans une unique direction : les militaires ont besoin du soutien des civils, mais les civils n'ont aucun besoin des militaires. Ainsi, personne n'extrairait de l'uranium si le seul objectif était de

---

116. *Space Accidents of the Past*, Associated Press, 25 juin 1997.
117. Pr Ernest Sternglass, communiqué personnel, 7 août 2000.

l'utiliser pour fabriquer des bombes, et personne n'enseignerait l'astrophysique dans le seul but de faire la guerre. La recherche militaire est donc obligée de chercher une industrie de « façade » qui attire le domaine civil, tout particulièrement les universités, la coopération et le financement. Une telle recherche de pointe séduit les jeunes les plus brillants, leur offre des challenges passionnants et d'excellents salaires. Les chercheurs, la plupart du temps, ne sont pas même conscients de la portée militaire de leurs travaux. Ce « détournement des cerveaux » de l'économie civile nous prive peut-être de ceux qui pourraient résoudre les problèmes de survie les plus importants auxquels la biosphère est maintenant confrontée. Bien que l'homme se soit montré capable d'infliger de graves dommages à la Terre, c'est néanmoins lui qui détient les clés de sa guérison.

La frontière entre recherche civile et militaire devenant de plus en plus floue, il peut être difficile d'identifier le moment où nous avons basculé de l'observation et de l'expérimentation contrôlée vers la manipulation et les pratiques dangereuses. Jusqu'à quel point l'expérimentation demeure-t-elle sûre s'il n'existe aucun moyen pour contrôler ce à quoi la recherche est utilisée ? Et savons-nous vraiment tirer les leçons de nos erreurs passées ?

Il ressort de ces trente dernières années que les expériences spatiales ne sont pas une simple et passionnante exploration scientifique : l'espace constitue le prochain champ de bataille. Comme le déclare le général Joseph W. Ashy, commandant en chef du US Unified Space Command :

> Nous allons développer ces deux missions (le contrôle de l'espace et ses applications aux forces spatiales), parce qu'elles deviendront de plus en plus importantes. Un jour, nous engagerons des cibles terrestres à partir de l'espace – bateaux, avions, éléments au sol. Nous engagerons des cibles dans l'espace à partir de l'espace. Et cette évolution ne tardera pas ;

Chapitre 2

[les missions] ont déjà été assignées et nous avons écrit les concepts des opérations. Nous engagerons des forces armées dans l'espace, accompagnées d'un système de défense de missiles balistiques couvrant l'Amérique du Nord. Le sujet est politiquement sensible, mais il se réalisera. Une partie de l'opinion publique ne veut pas en entendre parler et il est sûr que ce n'est pas « en vogue »[118]... mais – assurément – nous irons nous battre dans l'espace.[119]

---

118. En français dans le texte.
119. *Aviation Week & Space Technology*, 5 août 1996. Le général Ashy est aussi commandant de l'US Air Force Space Command et commandant-en-chef du commandement conjoint de l'US-Canada North American Air Defense Command (NORAD).

Chapitre 3

Plans militaires pour l'espace

Déplacer la guerre dans l'espace n'est pas une idée nouvelle. Dans les années 60, les Soviétiques avaient une arme orbitale qu'ils appelaient « satellite tueur ». Il était supposé qu'il utilisait un profil à deux orbites guidé par radar (c'est-à-dire qu'il avait besoin de deux orbites autour de la Terre), pour identifier et accrocher sa cible. Étant donné la lenteur du processus, ils essayèrent de mettre au point un « tueur » à une seule orbite, guidé par infrarouges, mais sans succès. Ils disposaient également d'une arme orbitale connue aux États-Unis sous le nom de FOBS – Système de bombardement orbital fractionnel. L'idée était de placer une bombe à hydrogène en orbite terrestre à faible altitude afin de pouvoir la lâcher rapidement sur un objectif au sol en cas de besoin. Ce système fut testé secrètement entre 1966 et 1970. Les populations civiles ne furent jamais averties que des bombes thermonucléaires environ mille fois plus puissantes que la bombe d'Hiroshima orbitaient au-dessus de leurs têtes.[120] On ne pense pas que les FOBS soient opérationnels aujourd'hui, mais le gouvernement soviétique révéla qu'il possédait dix-huit lanceurs de FOBS à Tyuratam. Suite à l'effondrement économique du pays, il se peut que la totalité du programme spatial soviétique, y compris les FOBS, ait terminé entre les mains du plus offrant.

Avec l'arrêt des essais nucléaires dans l'atmosphère, les militaires américains cherchèrent un nouveau prétexte afin de poursuivre leurs recherches et expérimentations dans l'ionosphère. Le soutien et le financement de la société civile leur étaient également nécessaires, tout particulièrement celui des universités et de leurs programmes.

---

120. *Multimedia Encyclopaedia* Grolier, 1996, mentionnant Charles Sheldon et al., *Soviet Space Programs,* publication de l'US Government, 1971 (révisé en 1976 et 1981).

Chapitre 3

À la fin des années 60, le public désabusé de l'énergie nucléaire et soucieux des retombées des pluies acides, avait hâte de voir utilisées des sources d'énergie alternatives. Le projet d'un satellite à énergie solaire apparut comme un programme pouvant à la fois gagner l'approbation du public et permettre aux militaires d'explorer leur vision de la guerre spatiale.

Les systèmes de missiles défensifs

SPS, le projet Solar Power Satellite[121] (1968)
En 1968, le gouvernement proposa un système de satellites qui capteraient l'énergie provenant du Soleil pour la renvoyer vers la Terre à des fins domestiques. Chaque satellite devait être de la taille de l'île de Manhattan et placé en orbite terrestre géostationnaire (Geo). Un satellite en Geo semble être toujours au même point par rapport à la surface de la Terre parce qu'il met quasiment 24 heures pour en faire le tour, ce qui correspond au temps de rotation terrestre. Une Geo se situe normalement à 36 000 km de la Terre, dans la région de la ceinture de Van Allen. Il fallait environ soixante de ces satellites, qui resteraient en orbite pendant une trentaine d'années.

Il était prévu qu'ils capteraient les radiations solaires au moyen de cellules photovoltaïques, puis transmettraient l'énergie électrique par un faisceau de micro-ondes vers des antennes réceptrices terrestres appelées « rectennes »[122]. Chacune dotée d'une puissance électrique de cinq gigawatts, leur site d'installation devait mesurer jusqu'à 145 km^2 et toute habitation, vie animale et végétale en seraient exclues. Les mesures envisagées pour contrôler la faune et

---
121. Projet de satellites à énergie solaire.
122. Mémoire du Citizen Energy Project Study Brief sur les Satellites à énergie solaire (SPS), 1978. Ce mémoire et d'autres dossiers ont été soumis au gouvernement des USA pendant la période de consultation sur le projet SPS et, sans aucun doute, ils existent quelque part dans les archives nationales des USA. L'ensemble conservé par Rosalie Bertell se trouve dans les Archives Bertell, Canadian National Archives, Ottawa, Canada.

la flore ainsi que les populations d'oiseaux étaient sommaires et ne prévoyaient apparemment autre chose que de les laisser mourir s'ils s'aventuraient trop près des antennes ou traversaient un faisceau de micro-ondes. Des « rectennes modulaires » étaient également prévues, unités mobiles pouvant remplacer les générateurs à essence quand les militaires auraient besoin de grandes quantités d'électricité dans des zones reculées.

La phase de construction du projet nécessiterait quotidiennement trois, quatre ou cinq lancements de grandes fusées de transport et leur retour sur terre, afin de placer en orbite les équipes et les équipements. À cette époque, la navette spatiale était encore à l'étude et l'on jugea financièrement prohibitif d'utiliser des fusées à usage unique.

Le Congrès chargea le ministère de l'Énergie et la Nasa de faire évaluer l'impact environnemental du projet. Il devait être achevé pour juin 1980. L'évaluation à elle-seule coûta vingt-cinq millions de dollars. En fait, tout ce qui touchait ce projet était extrêmement cher. En 1968, on estima que la seule construction des soixante satellites coûterait entre 500 et 800 milliards de dollars. Ils produiraient environ 10 % de l'énergie dont les États-Unis auraient besoin en 2025 mais à un coût de 3 000 dollars le kilowatt. Même l'énergie nucléaire ne coûtait que 1 100 dollars à l'époque.

La nécessité d'une énergie de si haute technologie et d'un tel coût « astronomique » échappait à la population, plus habituée à domestiquer l'énergie solaire à l'aide de panneaux terrestres. À l'époque, 70 % de l'énergie pour le chauffage et l'air conditionné auraient pu être produits directement en absorbant la chaleur du Soleil et en la stockant pour l'utiliser en temps utile. Ceci aurait diminué de façon significative les besoins en électricité et aurait rendu réalisable l'utilisation d'énergies plus douces telles que l'énergie éolienne. Pour les écologistes, sortir de la crise énergétique grâce à des technologies simples avait plus de sens que d'envoyer des satellites onéreux dans les ceintures de Van Allen.

Chapitre 3

Une première évaluation du projet de Satellites à énergie solaire (SPS) commença en 1978 et je participai à l'une des commissions d'étude. Je savais très peu de choses sur les expériences militaires et presque rien sur l'ionosphère et la complexité de sa structure. Lorsque je fis mes études, l'astrophysique d'aujourd'hui en était à ses balbutiements. Les politiciens d'alors partageaient certainement la même ignorance et je ne pense pas que les autres participants civils à la commission d'étude sur l'impact environnemental de la SPS aient été beaucoup plus avertis. La plupart des avancées dans la recherche nucléaire et les essais militaires étaient tenues secrètes et, quand elles étaient annoncées, elles ne l'étaient que pour revendiquer des « succès » militaires dans la course nucléaire ou spatiale. Dès lors, nous nous mîmes au travail avec un esprit ouvert et sans aucun a priori.

Le SPS était présenté comme un programme énergétique, mais, de toute évidence, il englobait d'importantes applications militaires. L'une des plus importantes, signalée en premier lieu par Michael J. Ozeroff, un des membres de ma commission, était la possibilité de développer une arme à rayon laser portée par satellite pour un usage de missile anti-balistique. On pensait alors qu'un rayon laser à haute énergie basé à terre pouvait être utilisé comme arme thermique pour désactiver ou détruire des missiles lancés par l'ennemi ; envisager d'opérer à partir d'une plateforme spatiale semblait donc raisonnable. Quelques discussions eurent lieu au sujet d'une arme à rayon laser à électrons : il s'agissait d'utiliser un rayon laser pour « ouvrir » un chemin dans lequel les électrons puissent s'engouffrer, mais tout cela demeurait très théorique. L'altitude des plateformes dans la ceinture de Van Allen rendait ce scénario plausible.

Michael Ozeroff pointa également d'autres applications potentielles à visée militaire que permettait le SPS, y compris la surveillance et le déclenchement d'un signal d'alarme précoce en cas d'agression. Les satellites devaient être placés sur des orbites géosynchrones, offrant ainsi une position optimale à partir de laquelle pouvait être surveillé en permanence un hémisphère entier. Dès 1960, le programme américain Carona avait lancé un satellite espion dans l'espace pour photographier les bases de missiles soviétiques. Cette opération fut suivie par le programme Keyhole (« Trou de serrure »), qui mit en orbite une série de satellites (encore classifiés aujourd'hui) capables, dit-on, de détecter un objet de la taille d'une plaque minéralogique de voiture à une altitude de 160 km et plus[123].

À l'époque, nous pouvions débattre des possibilités d'application de façon théorique, mais les mesures de sécurité nous empêchaient de les relier à un quelconque programme militaire spécifique, qu'il soit déjà réalisé ou à l'état de projet. Cependant, des fonctions potentielles semblaient évidentes : on pouvait utiliser la plateforme du SPS pour établir des communications, les brouiller, aider la navigation, assurer la surveillance géographique, géologique et météorologique, et communiquer avec les sous-marins par des ondes à très basses fréquences.[124] Il était possible de rediriger le rayon laser SPS pour brouiller ou détruire des systèmes de satellites à proximité, et certainement les communications terrestres, à la fois tactiques et stratégiques.[125]

M. Ozeroff et les autres experts considéraient également le SPS comme une arme psychologique et anti-personnelle potentielle. On pouvait l'utiliser pour déclencher un état de panique en interrompant tous les dispositifs électroniques (les ordinateurs, les feux de circulation, les télévisions, radios, etc.) et en paralysant ainsi toute une cité. Et si deux faisceaux principaux de micro-ondes étaient déviés et éloignés de leur rectenne pour se croiser à proximité de troupes ennemies, le SPS pouvait fonctionner comme un four à micro-ondes : il pouvait tuer les hommes et épargner les bâtiments, de la même façon qu'un four micro-ondes cuit les aliments mais

---
123. *Multimedia Encyclopaedia* Grolier.
124. Les très basses fréquences sont les longueurs d'ondes qui permettent de communiquer par radio avec les sous-marins.
125. *Solar Power white paper on military implications*, critique des SPS par Michael J. Ozeroff, SA-1, 1978, faisant partie du mémoire *Citizen Energy Project Study Brief on the Solar Power Satellites* (SPS), (cf. réf. ci-dessus).

laisse intacte l'assiette en carton. Il aurait également été possible de diriger sur la Terre des rayons ultraviolets suffisamment puissants pour enflammer des matériaux combustibles tels qu'une forêt sèche ou un dépôt souterrain de mazout. On pouvait aussi établir à des fins militaires des relais de rayons laser du satellite SPS vers d'autres satellites ou plateformes, comme des avions. Une des applications possibles était un turboréacteur à rayon laser, recevant le rayon laser directement dans la chambre de combustion et portant ainsi le gaz à une température suffisamment élevée pour assurer sa vitesse de croisière. Cela aurait permis aux avions un temps de vol illimité.

Le président Carter approuva le projet SPS et donna son feu vert, malgré les réserves que beaucoup de participants et moi-même avions exprimées. Le coût de ce projet était deux ou trois fois plus élevé que l'ensemble du budget du ministère de l'Énergie et le prix estimé de l'électricité produite dépassait de très loin celui de la plupart des sources d'énergie conventionnelles. Ce dernier point « étouffa dans l'œuf » la proposition quand elle fut examinée au Congrès, et le financement fut refusé. Je contactais alors le Comité des Nations unies pour le désarmement au sujet de ce projet, mais il me fut répondu qu'aussi longtemps qu'il aurait la dénomination « énergie solaire », il ne pourrait être considéré comme un projet d'armement.

Initiative de défense stratégique – La guerre des étoiles

Le même projet refit surface aux États-Unis sous le président Reagan en mars 1983. Il fut transféré au ministère de la Défense, dont le budget était beaucoup plus important, et prit le nom d'Initiative de défense stratégique (SDI), plus largement connu sous le nom de « guerre des étoiles ». Il ne faut pas oublier que les programmes militaires ne prennent pas naissance dans l'esprit de membres officiellement élus mais sont le fruit des départements de planification stratégique de l'armée, de la marine et des forces aériennes. Les stratèges militaires poursuivent leurs programmes coûte que coûte, même si leurs propositions sont rejetées la première fois.

La guerre des étoiles de R. Reagan envisageait une défense à plusieurs niveaux contre les missiles balistiques intercontinentaux, en comptant sur le fait qu'ils mettraient environ trente minutes entre le décollage en Union soviétique et la frappe aux USA. Pour que le système fonctionne, il fallait que le missile ennemi soit détecté au moment même de son lancement, objectif qui pouvait être atteint en utilisant des satellites de surveillance. Le missile ennemi serait attaqué par des missiles basés soit sur satellite, soit au sol, en espérant qu'ils le frappent au lancement avant qu'il ne déploie ses ogives. Les missiles survivants, si jamais il y en avait, seraient alors attaqués par des armes à rayons X et à faisceaux de particules. Le tout serait géré par de superordinateurs dont les programmes infiniment complexes seraient mis au point par d'autres superordinateurs. Aucune intervention humaine ne serait permise ou même nécessaire. La construction de ce système de défense devait atteindre un coût de 100 à 1 000 milliards de dollars.

Les scientifiques s'opposèrent à ce programme des deux côtés de l'Atlantique, parce qu'ils pensaient qu'il ne fonctionnerait jamais, ou qu'il était trop cher ou violerait les termes du Traité sur les missiles anti-balistiques sur lequel les États-Unis et la Russie s'étaient accordés en 1972, considéré comme fondamental pour le contrôle des armes nucléaires. Ainsi, les deux pays se limitaient à un maximum de cent missiles anti-balistiques (ABM) chacun et acceptaient de ne les déployer qu'en un site unique (Moscou et Washington DC).

Les systèmes ABM comprenaient des ogives à têtes nucléaires, de grands radars pour identifier les missiles entrant, des radars de poursuite et des réseaux d'alerte précoce. À l'époque, les Soviétiques possédaient deux types d'ABM : les Gorgon, conçus pour intercepter les attaques de missiles dans l'atmosphère terrestre supérieure, et les Gazelle, pour les attaques de courte portée dans l'atmosphère terrestre inférieure. Les États-Unis disposaient des missiles Spartiates, avec un temps de réponse de trente secondes, pouvant intercepter des missiles à 725 km et à une altitude de 564 km. Si le Spartiate n'avait pas réussi à détruire sa cible, un missile Sprint de courte portée serait déclenché pour l'intercepter lors de sa descente vers son objectif.

On pensait, en théorie, qu'une première frappe de l'une ou l'autre nation était improbable parce qu'aucune n'aurait pu défendre l'ensemble de son territoire contre une frappe de représailles. En d'autres termes, vous n'attaquez pas un adversaire quand vous vous savez incapable de vous défendre s'il contre-attaque.

Il n'y avait eu que peu de consultation diplomatique pour préparer les collègues européens des États-Unis à ce nouveau schéma de guerre des étoiles que l'on considérait comme une escalade supplémentaire dans la course aux armes nucléaires et une rupture avec l'ancienne stratégie. Les alliés de l'Otan autant que les mouvements antinucléaires le dénonçaient, soulignant que non seulement il était imprudent et rompait les termes de l'accord de 1972, mais que, de plus, sa réalisation serait vraisemblablement impossible. Pourtant, en dépit des sévères critiques internationales, les États-Unis se mirent à travailler sur ce programme et dépensèrent à cet effet trente milliards de dollars entre 1983 et 1993.

Des armes peu fiables

La technologie d'interception des missiles fut testée pendant la guerre du Golfe. Comme nous l'avons noté au chapitre 1, le système de missiles Patriot échoua pour l'essentiel, bien que ce fait ne fût pas généralement admis jusqu'à la fin de la guerre. Un des commandants sur place, décrivant ses efforts pour améliorer la précision des missiles afin que chaque tir atteigne son but, utilisa l'expression : « Maximiser notre potentiel de violence ». En fait, les tirs étaient d'une imprécision scandaleuse.[126] Lors de sa visite à

---

126. *Popular Science,* septembre 1997.

l'une des usines produisant les missiles Patriot, le président Bush déclara avec fierté : « Quarante-deux Scuds engagés, quarante-deux interceptés ! »[127] Pourtant, à la fin de la guerre, le compte était le suivant : sur quatre-vingt-cinq Scuds tirés par les Irakiens, vingt-cinq se déroutèrent vers les déserts israélien et saoudien ou furent engloutis dans la mer, cinquante-cinq atteignirent des objectifs civils en Israël et seulement cinq furent interceptés par un missile Patriot.[128]

On a aussi estimé que, pendant la guerre du Golfe, 77 % de tous les dommages subis par les véhicules de combat américains avaient été causés par des « tirs amis ». Le 27 février 1991 également, un jet A-10 américain tira par inadvertance sur deux véhicules d'infanterie britanniques, tuant neuf personnes et en blessant onze autres. Les militaires parlèrent d'un « défaut de renseignement » et toutes les parties concernées demandèrent avec insistance des précisions qu'elles reçurent sans délai. Il est évident que cette guerre électronique de haute technologie rendait les troupes au sol particulièrement vulnérables et il ne fallait pas beaucoup d'imagination pour extrapoler à un futur programme de guerre des étoiles les « erreurs » de cette guerre électronique télécommandée.

Des chercheurs anonymes désillusionnés aux USA prétendirent que le ministère de la Défense avait falsifié des données des tests d'interception des missiles dans le but d'obtenir des résultats négatifs, afin de gagner le soutien du Congrès et de l'argent pour de nouvelles recherches.[129] Casper Weinberg, secrétaire de la Défense sous R. Reagan, nia ces allégations. Il affirma par la suite que la guerre des étoiles n'avait d'autre objectif que de duper les Russes et de les conduire à dépenser leurs maigres finances pour établir des systèmes de défense dans l'espace. Quelle que soit la vérité derrière ces affirmations, il est important de comprendre qu'une fois

---

127. Déclaration télévisée, citée ultérieurement par le *Globe and Mail,* 11 mars 1991.
128. William Saphire, *The Great Missile Mystery*, *New York Times,* 11 mars 1991, A1.
129. William E. Burrows, dans *Encyclopaedia Multimedia* Grolier.

Chapitre 3

ces projets présentés, qu'il s'agisse d'énergie solaire ou de boucliers contre les missiles, leur mise en œuvre ne fut pas interrompue par la fin de la guerre froide.

Organisation de la défense par missiles balistiques
En mai 1993, le projet de guerre des étoiles prit fin officiellement et les fonds encore disponibles furent transférés à la Ballistic Missile Defense Organization, qui s'avéra le troisième nom officiel donné au même projet. Cette nouvelle agence devait se concentrer sur la défense contre les missiles tactiques et ceux à courte portée volant à basse altitude plutôt que les missiles balistiques intercontinentaux. En juillet 1993, le président Clinton dénonça la guerre des étoiles comme violation du traité ABM de 1972 ; pourtant, en août 1995, le Congrès lança un programme pour créer un réseau de missiles terrestres guidés par des capteurs spatiaux conçus pour localiser les missiles à longue portée.

Il est difficile de saisir de l'extérieur en quelle mesure ces deux programmes diffèrent réellement du scénario de la guerre des étoiles, bien qu'il semble qu'eux aussi violent le traité ABM de 1972, qui non seulement limitait le nombre des missiles anti-balistiques mais aussi celui des sites. Ce traité est constamment réinterprété par les stratèges militaires selon les besoins de la défense du moment et, comme nous le verrons plus loin, les définitions de son contenu sont élargies et modifiées au point de devenir méconnaissables.

La défense laser
Quel que soit leur nom, les programmes de missiles que nous avons décrits précédemment comprennent les mêmes composantes essentielles : surveillance, poursuite et interception dans l'espace, sur terre, sur mer et dans les airs. Chaque corps d'armée fait valoir ses propres exigences et rivalise pour obtenir des financements et de nouvelles armes.

Les technologies d'armement moderne reposent de plus en plus sur l'utilisation des rayons laser, pour les systèmes de guidage comme pour les systèmes d'attaque. Le terme Laser est l'acronyme de « Light Amplification by Stimulated Emission of Radiation » (« Amplification de la lumière par émission stimulée d'un rayonnement »). Généralement, un atome existe dans ce qui est appelé son « état fondamental », c'est-à-dire l'état dans lequel il a l'énergie la plus faible. En introduisant plus d'énergie, il devient « excité », ce qui signifie que certains de ses électrons en orbite autour du noyau de l'atome sautent sur une orbite plus élevée. Si vous prenez une cellule contenant un grand nombre d'atomes identiques, tous dans leur état fondamental, et que vous excitiez l'ensemble de la cellule, vous faites ce qui est appelé « une inversion de population ». Normalement, elle ne peut être maintenue parce que les électrons perdent rapidement leur énergie et retournent à leur état fondamental naturel. Cependant, si vous réussissez à exciter les électrons à un niveau encore plus élevé, ils régressent au niveau précédent et y demeurent un court moment. Dès lors qu'une seule cellule retourne à son état fondamental, la population tout entière y retourne simultanément. L'énergie en excès est relâchée sous forme de photons (lumière), qui sont des paquets d'ondes électromagnétiques.

Dans un laser, ces photons présentent tous la même énergie, donc la lumière émise est monochromatique (tous des rayons ultra-violets ou des rayons X, par exemple). La totalité des ondes émises sont en phase (en mouvement synchrone), formant une onde unique. Cela permet de focaliser avec précision le faisceau, que l'on peut rendre très puissant, et de le faire voyager de la Terre à la Lune ou de couper du métal. Le procédé d'excitation des cellules s'appelle le pompage et la source d'énergie utilisée, la pompe. Parmi les pompes employées, citons : le flash des caméras, la lumière solaire, d'autres lasers, des décharges électriques, des réactions chimiques et, pour le laser à rayon X, des explosions atomiques. Si la pompe

Chapitre 3

est appliquée de façon rythmique, il est possible de produire un laser pulsé. Quasiment n'importe quel support ou population cellulaire peut être utilisé pour produire un laser : un gaz, un solide, un liquide ou du plasma ionisé.[130]

Le financement américain pour « Brillant Eyes » – le jargon militaire désignant les systèmes de poursuite et de missiles stratégiques de la marine, le programme de technologies antisatellites et le laser nautique à haute énergie – fut autorisé en 1996 en tant que complément de demande pour la National Missile Defense de l'administration Clinton, soi-disant « pour faire face aux fusées terroristes ». Le montant total frôla le milliard de dollars.

Le Sénat ajouta également 70 millions de dollars pour le missile laser spatial des forces aériennes, bien que l'Office of Budget Management s'y soit opposé. Les lasers furent d'abord utilisés par les avions pour guider les bombes sur leur cible – avec des capteurs dans le nez de la bombe réglés sur les réflexions du faisceau laser. Aujourd'hui, les bombes guidées par laser (LGB ou « bombes intelligentes ») sont commercialisées aux États-Unis par Texas Instruments, en Grande-Bretagne par Tricon, sous le nom de « Paveway III ». Dans les années 70, les USA et le Royaume-Uni équipaient leurs avions de Paveway II.[131] Avec les avancées de la technologie, les lasers sont également utilisés sur les avions comme armes à faisceau. Un article paru dans *Air Force News* explique comment un Boeing 747-400 est aménagé avec une « tourelle de laquelle émane un faisceau de lumière laser pour détruire des missiles Scud à des centaines de kilomètres ».[132] Cette modification fait partie d'un projet de recherche afin d'établir une flotte laser aérienne pouvant prendre part aux combats :

---

130. Cette explication est basée sur une information donnée par Richard Wolfson et Jay M. Pasachoff, dans *Physics with Modern Physics: For Scientists and Engineers*, seconde édition, HarperCollins College Publishers, New York, NY, 1995.
131. *Jane's Defence Weekly*, 25 février 1989.
132. Rich Garcia, *Airborne laser arrives in Wichita*, Air Force Research Laboratory Public Affairs, *Air Force News*, 24 janvier 2000.

> Deux lasers d'attaque tourneraient 24h/24 autour de la Terre, en orbite à 40 000 pieds (approximativement 12 000 m), assurant la défense contre les missiles. Si l'ennemi lançait un missile de théâtre, un laser d'attaque en détecterait le lanceur tant qu'il est encore chargé, au moment où il émerge des nuages. Le laser d'attaque détruirait alors le missile et les débris retomberaient sur le territoire ennemi.[133]

L'armée de terre aussi a développé ce domaine : un laser terrestre opéra un temps sur la base militaire de White Sands, Nouveau-Mexique, et fut testé sur « une diversité de choses », selon Kenneth Bacon, porte-parole pour le Pentagone.[134] Le laser de White Sands, appelé MIRACL, pour « Laser chimique avancé dans l'infrarouge moyen », qui utilise du fluorure de deutérium et de l'hélium, est considéré comme le laser le plus puissant des États-Unis, capable de détruire des satellites et d'interrompre les communications et la surveillance « ennemies ». K. Bacon confirma que les militaires effectuèrent en septembre 1997 un essai sur un satellite des forces aériennes en fin d'utilisation. L'objectif déclaré de ce laser était de « protéger les actifs spatiaux et de contrôler l'espace dans l'intérêt de notre sécurité nationale ». Débutèrent également des tests sur des armes à laser terrestre mobile en 1998.

Les systèmes radar

« Radar » signifie « détection et mesures radio ». Un radar utilise un transmetteur qui génère des ondes radio, et il renvoie une petite quantité d'énergie vers les antennes réceptrices quand un avion ou un missile entre dans le champ de ces ondes. Ce faible signal peut être amplifié et affiché sur un écran. Étant donné qu'est connue la vitesse de propagation des ondes radio, 300 000 km/seconde, la distance de l'objet détecté se calcule en mesurant le temps qui sépare l'émission de l'onde radio de son retour.

---

133. Avec la permission de l'Air Force Material Command News Service, 24/01/2000.
134. Associated Press, Washington, 3 septembre 1997.

Chapitre 3

Une chaîne de très grands radars fut déployée sur un vaste territoire au nord de l'Alaska et au Canada en 1962 pour détecter tout missile venant d'URSS. En 1985, tous les radars de la Distant Early Warning (« Réseau d'alerte précoce »), la « DEW line », furent remplacés par de grands systèmes de réseaux radar en phase qui utilisaient cent modules à semi-conducteurs (transmetteurs) capables de détecter des signaux et de poursuivre une cible à une distance de 5 560 km. Ce dispositif était complété par un radar transhorizon dans un système appelé NADGE, pour Nato Air Defense Ground Environment (« Défense aérienne de l'environnement terrestre de l'Otan »). Les radars transhorizon sont généralement utilisés pour détecter des bombardiers ennemis, tandis que les satellites servent à cibler les missiles.

Un nouveau système d'alerte précoce des missiles balistiques (BMEWS – Ballistic Missile Early Warning System) est maintenant opérationnel et géographiquement largement établi. Ce système peut détecter la position, la vitesse, le site de lancement, la trajectoire, le point d'impact et l'instant d'impact d'un missile entrant.

Au-delà des limites du possible
Maintenant que le système de défense contre les missiles balistiques est opérationnel, il devrait répondre à deux objectifs principaux : d'une part, la protection de l'Amérique du Nord contre les missiles, d'autre part, la défense sur le théâtre des opérations afin de protéger les troupes contre les attaques de missiles, où qu'elles soient stationnées. Pourtant, ce programme continue de connaître des défaillances matérielles graves et répétées.[135]

En 1993, les États-Unis entamèrent des conversations avec la Russie pour définir les limites entre les systèmes de défense permis et ceux interdits par le traité ABM de 1972, afin de pouvoir légalement continuer leurs recherches. Le nouveau système de défense haute

---
135. Avertissement de Global Network Against Weapons and Nuclear Power in Space, Florida, automne 1999.

altitude de théâtre d'opération (THAAD) et le système général de défense de théâtre de la marine rendaient floue la définition de « défense de théâtre », car ces deux systèmes étaient conçus pour être mobiles et pouvaient intercepter des missiles d'une beaucoup plus longue portée que les systèmes précédents. Ils pouvaient, en théorie, être déployés pour défendre les États-Unis contre les missiles stratégiques. Après quatre années de négociation, souvent dans l'impasse, la Russie accepta la poursuite des tests du THAAD, mais, en ce qui concerne l'amendement des termes du traité, aucun accord ne fut trouvé.

De nouveau, au cours de l'été 2000, le président Clinton essaya de renégocier le traité avec le président russe Vladimir Poutine. Selon l'agence Reuters le 2 juin 2000, Washington voulait un système de défense intégré qui soit prêt à être déployé en 2005, afin de défendre l'ensemble des cinquante États contre les missiles entrants des « États voyous », tels que la Corée du Nord et l'Iran. On estimait que la Corée du Nord représenterait une menace nucléaire en 2025. La solution proposée semblait comprendre un « système complexe de radars de ciblage, de missiles d'interception et d'ordinateurs haute-performance » – description analogue de façon frappante au concept de guerre des étoiles. Le financement de ce programme doit être énorme, car il est estimé que chaque mois de retard coûte 124 millions de dollars.

Le président Clinton subissait des pressions pour parvenir à un résultat, car il devait décider d'autoriser ou non les premières phases de la mise en œuvre d'un système de poursuite radar sur l'île de Shemya, à l'extrémité ouest de l'archipel des îles Aléoutiennes, en Alaska. Le Pentagone avait averti que tout délai dans le calendrier des travaux compromettrait le respect de l'échéance de 2005. Fort heureusement pour le président Clinton, le 14 juin 2000, les juristes déclarèrent que le déblaiement du terrain et la pose des fondations ne représentaient pas une violation du traité de 1972, laissant ainsi à l'administration suivante la question épineuse de savoir s'il fallait se retirer ou non des pourparlers – chaque partie peut se retirer après un préavis de six mois. Un responsable du Pentagone à qui était demandé comment le fait de franchir le seuil de violation du traité – en déversant du béton –, pouvait soudain devenir la base d'une interprétation plus large et permettre la réalisation des travaux, répondit : « Laissez cela aux juristes ! » Cela paraît une attitude particulièrement blasée envers un traité qui est devenu le fondement du contrôle des armes nucléaires.[136]

Le projet de 2005 fut très controversé. Divers scientifiques éminents et d'anciens officiels de l'administration Clinton incitèrent le président à différer sa décision. Un rapport classé d'un groupe d'experts nommés par le Pentagone, présidé par Larry Welch, général quatre étoiles à la retraite et ancien chef d'état-major des forces de l'air, souleva de nombreuses questions : problèmes avec les fusées de lancement, mise en évidence du manque de réalisme du calendrier ne permettant pas de procéder aux tests appropriés, et questionnement au sujet des missiles d'interception quant à leur capacité de distinguer un missile ennemi d'un leurre.[137] Le General Accounting Office, l'équivalent de la Cour des comptes en France, envoya une mise en garde, constatant que les plans reposaient sur « une évaluation incertaine des menaces potentielles » et ajoutant en conclusion : « Il sera difficile de savoir si le bouclier de missiles fonctionnera correctement au cours d'une attaque ».[138] Si nous gardons à l'esprit l'échec lamentable du missile Patriot pendant la guerre du Golfe et les morts causées par des tirs amis, ce sont là des considérations extrêmement préoccupantes. Encore plus troublant est le fait qu'un bouclier de défense américain pourrait déclencher une course aux armements avec l'Asie.

Les composantes de la proposition initiale du SPS (projet de Satellites à énergie solaire) furent si fragmentées que ce qui était au

---

136. *Clinton Lawyers Give Go Ahead to Missile Shield*, Washington Post, 15 juin 2000.
137. *More Doubts Raised on Missile Shield*, Washington Post, 18 juin 2000.
138. *GAO Report Finds Fault with Missile Shield Plan*, Washington post, 17 juin 2000.

départ un système global, est maintenant évalué et financé au cas par cas. Chaque projet en soi ne semble pas receler de menaces particulières. Par exemple, l'un des premiers projets qui fut financé et achevé au début des années 1980, était la navette spatiale, une fusée récupérable pouvant transporter en aller et retour des hommes et du matériel dans l'espace. Du point de vue de celui qui aurait examiné le projet SPS entre 1978 et 1980, il s'agit là d'un puzzle dont les pièces se mettent progressivement en place. Je ne pense pas que cet aspect puisse être qualifié de « théorie du complot », c'est plutôt un reflet de la persistance des thèmes de recherche sur de longues périodes. Au fur et à mesure que la science fait des découvertes, nous voyons de nouvelles armes émerger et s'intégrer dans la course pour dominer l'espace.

Conception d'armes et de systèmes de communication pour la prochaine guerre

Les boucliers spatiaux

Le projet de guerre des étoiles et le programme Défense par missiles balistiques envisageaient de mettre en place des « boucliers » de protection couvrant certaines régions de la planète, en utilisant la technologie ABM. Ce concept pourrait évoluer dans le futur vers l'utilisation de boucliers à plasma.

Comme nous l'avons expliqué au chapitre 2, les plasmas sont des gaz hyper-chauffés, présents naturellement dans l'ionosphère. Nous constatons l'effet du plasma sur un objet quand nous observons de quelle façon la couche ionisée de l'atmosphère terrestre consume les débris spatiaux et les météorites qui la pénètrent. Ce n'est pas vraiment la friction avec l'atmosphère plus dense qui produit ces températures extrêmes, mais l'impact de l'engin spatial lui-même, qui comprime le plasma hautement actif, entraînant une élévation considérable de sa température – il peut même atteindre temporairement une température équivalente à celle de la surface du Soleil. La Navette spatiale est recouverte de tuiles isolantes pour la protéger de cette chaleur.

Le plasma existe de façon brève dans l'atmosphère inférieure, la troposphère, quand il y a des éclairs. Un seul coup de foudre, partant d'un nuage vers la Terre, se compose en moyenne de quatre éclairs se succédant rapidement. Les éclairs frappent la planète de façon permanente en quelque point, et la chargent négativement, par rapport à l'ionosphère, à environ 200 000 volts. Si les éclairs cessaient de la frapper, ne serait-ce qu'une heure, la Terre se déchargerait de l'électricité stockée, causant des dégâts incalculables.

Il existe un autre phénomène associé à la foudre : les boules de feu. Il s'agit de boules de lumière stable, en suspension dans l'air et brillant de façon éclatante, qui peuvent apparaître lors d'une activité électrique intense dans l'atmosphère. Mises en contact, elles libèrent d'énormes quantités d'énergie. Elles se produisent à proximité du sol pendant un orage et peuvent être de couleur rouge, orange ou jaune. Elles sont accompagnées d'un sifflement et présentent une odeur distincte. Leur origine est inconnue, mais plusieurs causes sont envisagées, dont de l'air ou du gaz qui se comporte anormalement, du plasma à haute densité, un vortex d'air contenant des gaz lumineux (un vortex est un phénomène tourbillonnaire, comme une tornade miniature), ou un rayonnement micro-ondes à l'intérieur d'une coquille de plasma.

Des scientifiques ont théorisé qu'un générateur de micro-ondes pourrait être utilisé pour enflammer un plasmoïde, une boule de plasma similaire à une boule de feu, au passage d'un missile ou de sa tête nucléaire. Théoriquement, en traversant la boule de feu, les systèmes de navigation électroniques sont désactivés. L'énergie électromagnétique interfère également avec les isotopes d'une tête nucléaire et désarme l'engin de façon efficace.

L'événement Banjawarn, 28 mai 1993

Le 1er juin 1993, le *Kalgoorlie Miner*, un journal d'Australie-Occidentale, rapporta qu'un météore en forme de boule de feu se déplaçant du sud vers le nord entre Leonora et Laverton fut vu le 28 mai par plusieurs témoins. Il s'ensuivit un tremblement de terre de force 4 sur l'échelle de Richter, d'après les mesures enregistrées par vingt-trois sismographes de la région. Ed Paul, géophysicien, nota également que le séisme avait coupé des tuyaux d'acier souterrains de presque 8 cm d'épaisseur à la mine d'or Alycia et causé l'effondrement de puits et de galeries. Il s'agit là d'un constat d'importance, car, lors d'un tremblement induit par des ondes sismiques, les dommages se limitent habituellement à des écroulements de bâtiments en surface. Ed Paul en conclut qu'une explosion nucléaire avait dû se produire.

Beaucoup d'observateurs rapportèrent que la boule de feu, en passant au-dessus de leur tête, émettait un grondement pulsé, semblable à celui d'un train diesel bruyant. Après le déclenchement de l'onde sismique, ils déclarèrent avoir entendu une énorme et interminable explosion, différente cependant de celles entendues dans les mines. Bien que les sismographes soient opérationnels depuis 1900, il n'existe aucune trace d'un précédent tremblement de terre dans cette zone, et les aborigènes n'ont aucun souvenir d'un pareil événement. Tout le monde supposa qu'une météorite avait frappé l'arrière-pays australien.

Le point d'impact probable se situait à l'est des Goldfields, en Australie-Occidentale, région semi-désertique, isolée, à la population clairsemée. Harry Mason, géologue, visita le site par curiosité en mai et juin 1995. Il fut surpris de ne trouver aucun signe d'impact, aucun cratère, aucune anomalie du sol. Il interviewa autant de témoins qu'il put et découvrit plusieurs faits :

> Les personnes avaient entendu la boule de feu avant de la voir ; c'était une grande boule sphérique rouge orange avec

une toute petite queue conique bleuâtre ; sa vitesse était celle d'un jet 747 ; elle semblait voler parallèlement à la courbure de la Terre, sur une trajectoire en forme d'arc, à basse altitude (environ 2 000 m) sur une distance d'au moins 250 km ; elle décrivit un arc en direction du sol et disparut derrière les arbres et les collines ; puis, une formidable explosion de lumière bleue et blanche, intense, aveuglante embrasa la nuit comme si l'on était en plein jour. Les observateurs pouvaient voir à plus de 100 km à la ronde ; une fusée éclairante de couleur rouge s'élança alors verticalement vers le ciel et se produisit une énorme onde sismique ; il y eut ensuite une puissante et assourdissante explosion qu'on entendit sur une zone de 250 par 150 km ; des dommages peu importants furent signalés jusqu'à 150 km dans le sud-est.[139]

Il semble que des ondes ultrasoniques ou électromagnétiques se propagèrent, car les chiens, qui y sont sensibles, devinrent fous furieux, gémissant et hurlant tandis que le ciel s'embrasait. Exactement une heure après l'apparition de la première boule de feu, il y en eut une seconde, plus petite. Plus tard (on ne connaît pas l'heure exacte), une troisième passa au-dessus de Banjawarn et fut signalée par des chauffeurs routiers.

La zone dans laquelle cet événement se produisit venait d'être achetée par la secte japonaise Aum Shinrikyô de la « Vérité suprême », qui sera accusée d'être l'instigatrice des attentats au gaz du métro de Tokyo deux ans plus tard, en 1995. La transaction immobilière fut conclue le 23 avril 1993, seulement trente-cinq jours avant que ne soit vue la première boule de feu. C'est le vice-président d'Aum qui initia l'achat afin de « conduire sur cet espace des expériences au profit de l'humanité ». Il est difficile de prouver que ces expériences avaient un quelconque rapport avec les boules de feu. L'avocat principal de l'enquête sénatoriale des

---

[139]. Harry Mason, *Bright Skies Part 1*, *Nexus,* mars-avril 1997.

USA sur la secte Aum informa Harry Mason du grand intérêt qu'elle portait aux armes électromagnétiques et à leur capacité d'induire des tremblements de terre. Le personnel de la secte se trouvait à Banjawarn la nuit de cet étrange événement.[140]

On pense que les armes électromagnétiques sont des variantes de modèles proposés par Nikola Tesla en 1908 et qu'elles peuvent « transmettre le potentiel explosif et d'autres effets tels que le déclenchement de séismes sur des distances intercontinentales, en n'importe quel point ciblé du globe ».[141]

Nikola Tesla, né en Croatie en 1856, était de nationalité serbe et américaine. Il émigra aux États-Unis en 1884 et travailla sous la direction de Thomas Edison. Leur opinion divergeait au sujet de l'exploitation commerciale de l'électricité nouvellement découverte, à savoir si elle devait se faire à partir du courant continu ou alternatif. En 1888, N. Tesla démontra que, si deux bobines métalliques étaient placées à angle droit l'une par rapport à l'autre et qu'on les alimentait avec du courant alternatif, on pouvait les utiliser en les déphasant l'une par rapport à l'autre pour faire tourner des champs magnétiques. Ce concept de base d'un moteur électrique fut acheté et promu par George Westinghouse, qui avait reconnu son intérêt pour les appareils ménagers. C'est sous l'influence de N. Tesla que les centrales électriques américaines prirent la décision de choisir le courant alternatif plutôt que continu pour les transmissions électriques et les usages domestiques. Il réalisa de brillants travaux sur l'électricité haute-tension et les communications sans fil, et conçut des plans ambitieux, utilisant l'énergie électromagnétique pour créer de l'armement. Il est mort en 1943, avant d'avoir pu réaliser et construire les nombreux dispositifs qu'il avait conçus.[142]

Depuis mai 1993 ont été observées en Australie des milliers de fois ces boules de feu aériennes accompagnées d'émissions d'énergie lumineuse. Un de ces événements a été constaté à Perth

---
140. Harry Mason, *The Banjawarn 'Bang' Revisited*, Nexus, juin 1997.
141. Harry Mason, *Bright Skies Part 1*, op. cit.
142. Encyclopédie Multimédia Encarta, 1999.

Chapitre 3

par environ 500 000 personnes, réveillées brusquement par la violence de l'explosion d'une onde sismique. Ces événements ne furent que peu couverts par les médias internationaux, et on expliqua chaque fois localement que des météorites en étaient la cause. Pourtant, elles ne se déplacent pas à une vitesse aussi lente que celle observée et ne poursuivent pas une trajectoire en forme d'arc. De plus, un tel impact laisse un cratère, et l'on peut recueillir des débris. Aucun cratère, aucun débris n'a été retrouvé. Les trajectoires estimées de ces boules de feu passent à proximité de quatre complexes militaires : Showa et Mizuho au Japon, Molodezhnaya et Novolazarevskaya en Russie. On suspecte la péninsule du Kamtchatka, en Sibérie, d'abriter l'un des complexes, parmi d'autres dans le monde, de transmission des armes électromagnétiques de l'ancienne Union soviétique. C'est au-dessus de la péninsule du Kamtchatka qu'un avion commercial de la PanAm, qui était peut-être en train d'espionner, fut abattu par les Russes le 31 août 1983.

Une enquête du Sénat américain sur l'événement du 28 mai en Australie-Occidentale prit très au sérieux la théorie selon laquelle la Russie, connue pour avoir étudié les données de la physique de Tesla, testait une nouvelle super-arme capable de déclencher des tremblements de terre à un hémisphère de distance. Des journalistes d'investigation japonais et des chercheurs américains et australiens croient également que les Russes possèdent des armes de type Tesla depuis 1963.[143] Les membres du Sénat consultèrent les US Incorporated Research Institutions for Seismology (Iris) : tandis qu'ils acceptaient l'idée que l'événement de la boule de feu fusse un acte clandestin, les sénateurs conclurent qu'il s'agissait probablement de la chute d'une météorite. Iris décida cependant de poursuivre l'enquête. D'autres scientifiques américains pensèrent que la boule de feu était un « bouclier Tesla », faisant partie d'un système de défense par missiles anti-balistiques.

---

143. *Tremorous night of the death ray*, *New Zealand Herald,* 25 janvier 1997.

Autres armes électromagnétiques

Les concepteurs de tanks ont admis que la technologie en cours a atteint ses limites. Si les modèles actuels deviennent plus grands et plus lourds, ils seront aussi plus vulnérables – des cibles faciles pour les armes de haute précision d'aujourd'hui. La Defense Research Agency (DRA) britannique, à Fort Halstead dans le Kent, poursuit des recherches en armement depuis la seconde guerre mondiale. Ces installations sont tenues si secrètes qu'il n'y a aucun panneau indicateur sur la route nationale et qu'elles n'apparaissent pas sur les atlas routiers. Les bâtiments sont entourés de hautes grilles et surveillés par des caméras. En 1982, l'armée britannique demanda à Fort Halstead de réaliser « une courte étude sur les possibilités de développer une arme alimentée par une force électromagnétique », et la somme de plus de 10 millions de livres sterling sur une durée de trois ans fut allouée au programme.

Après quelques expériences désastreuses en territoire inconnu, avec un projectile sortant du canon par le côté, une autre arme prenant feu, et ce que les scientifiques décrivent comme « beaucoup d'étincelles », ils finirent par construire un Electromagnetic Gun Laboratory à Kirkcudbright, en Écosse, qui ouvrit en 1993. Selon David Hull, de la Novel Weapons Division (« Division des nouvelles armes »), qui a l'entière responsabilité de cette arme, « il est concevable qu'elle soit si puissante et précise qu'elle ne permette aucune défense contre elle. Il se pourrait que seulement quelques-unes suffisent, mettant ainsi fin à la guerre des tanks. »[144] La course à la production de la première arme électromagnétique « réussie » est en route, mais personne n'est certain de ce qu'il adviendra d'un projectile tiré dans la partie la plus dense de l'atmosphère terrestre, aux super-vitesses rêvées, ni combien de fois un canon résistera à la pression.

Selon *Defence News* du 13-19 avril 1992, les USA ont déployé lors

---

144. David Shukman, *Tomorrow's wars: The Threat of High-Technology weapons*, Harcourt Brace & Co. New York, 1996, p. 174.

de Tempête du désert une arme électromagnétique pulsée (EMP), conçue pour imiter le flash électrique d'une bombe nucléaire. Un courant d'électrons frappant une plaque métallique peut produire un rayon X ou un rayon gamma pulsé, alors capable d'interrompre toutes les communications sur une vaste zone. Le générateur de faisceaux d'électrons Hermes III peut produire des impulsions de 20 milliards de watts, qui durent de 20 à 25 milliardièmes de secondes. Il se trouve au Sandia National Laboratory, sur la Kirkland Air Force Base. Hermes II produit des faisceaux d'électrons depuis 1974. Ces dispositifs furent testés pendant la guerre du Golfe.[145]

Hero

Les systèmes électroniques peuvent interagir les uns sur les autres de façon imprévisible. Ce problème est si répandu que les passagers d'un avion de ligne sont priés au début de chaque vol d'éteindre leurs appareils tels que les téléphones mobiles. Vu la prolifération des armes électroniques et électromagnétiques, il est clair que cette interaction peut s'avérer mortelle.

Les militaires utilisent des systèmes explosifs électriques (EED) pour activer les fusibles des armes. Ils dépendent d'un EED pour mettre à feu une fusée ou démarrer un moteur d'avion, éjecter un réservoir de kérosène, un siège d'équipage ou le toit d'un avion, lâcher une bombe ou faire exploser une ogive. Le problème avec un EED est qu'il ne peut pas discerner si un signal radio est intentionnel ou pas. De plus, il faut considérer que les composants électroniques, chimiques et le fuel peuvent prendre feu sous l'action de la foudre ou de l'électricité statique. C'est probablement la foudre qui a causé l'explosion de la fusée Atlas-Centaur le 26 mars 1987. L'armée de l'air a recensé 773 avions militaires frappés par la foudre entre 1969 et 1979, ce qui a causé la perte de sept d'entre eux plus deux autres pertes probables. Les forces de l'air

---

145. D' Huda S. Ammash, *Toxic Pollution, The Gulf War, and Sanction*, dans *Irak Under Siege: The Deadly Impact of Sanctions and War,* Anthony Arnove (ed), South End Press, Cambridge, MA, 2000.

ont également signalé cent cinquante autres incidents, notamment des pannes d'instruments de vol et de contrôle, et des explosions de réservoir de carburant.[146]

Les analystes militaires du Pentagone ont donné le nom de Hero, pour « Hazard of Electromagnetic Radiation to Ordnance », à tous les risques que les radiations électromagnétiques font encourir à l'équipement militaire. Les ondes radios, les radars, les micro-ondes, les émissions électriques des centrales, les lignes électriques, la foudre, l'électricité statique, toutes peuvent causer des accidents aux armes conventionnelles, nucléaires ou chimiques, soit en affectant la charge explosive (la tête nucléaire), la plate-forme d'armes (silo, lanceur au sol, avion ou navire) ou le « système de délivrance » (missile ou fusée). Hero peut accidentellement lancer des missiles, faire exploser des produits chimiques volatiles et faire s'écraser un avion. Les officiels de la marine américaine en charge de Hero déclarent qu'il est à l'origine de vingt-cinq accidents, prouvés ou suspectés, y compris l'explosion du missile Pershing II en 1985 et l'explosion d'une réserve de poudre à bord de l'USS Iowa en avril 1989.[147]

Bien que la soie et le polyuréthane soient connus pour accumuler de l'électricité, c'est du vieux matériel, emballé dans ces produits avant 1945, qui est accusé de l'explosion à bord de l'Iowa, incident ayant provoqué la mort de quarante-sept marins. Juste avant que la communication avec les hommes qui chargeaient la tourelle ne soit coupée, l'un d'entre eux hurla : « Friction… statique… oh mon dieu. » Après le désastre, les enquêteurs trouvèrent un câble non mis à la masse et des objets comme des bracelets, des montres, des bagues, des colliers sur les corps. Ils étaient interdits dans les espaces Hero, mais souvent les jeunes recrues prennent le règlement à la légère. L'enquête technique prouva par la suite qu'une antenne

---

146. Répertorié dans *First Annual Workshop on Aviation Related Electricity Hazards*, du ministère des Transports des USA, 1981.
147. Patricia Axelrod, *Disaster Signals: Suicide Weapons*, International Perspectives in Public Health, Vol. 6, 1990, pp. 10-20.

Chapitre 3

du système de communication satellite WSC-3 fonctionnait le jour de l'accident à une centaine de mètres de la tourelle ayant explosé.[148] Cette antenne crée un champ électromagnétique puissant et la réglementation maritime exige de se tenir à une distance d'au moins 65 m de tout matériel explosif. L'USS Iowa est un véritable arsenal flottant qui transporte habituellement une force de feu conjuguée de plus de trois millions de tonnes de TNT. Ce fut une chance que tout le bâtiment n'explose pas.

On pense que Hero est à l'origine du crash d'un jet F1-11 au cours des frappes aériennes américaines sur la Libye en 1986. Le colonel de l'US Air Force Charles Quisenberry, responsable des opérations au cours desquelles les États-Unis non seulement perdirent un avion mais bombardèrent également des ambassades et des résidences amies, affirma tout simplement que ces accidents étaient dus à des armes qui avaient « interféré les unes avec les autres ».[149] Le système radar transhorizon PAVE PAWS (Precision Acquisition Vehicle re-Entry Phased Array Warning System) de la Robins Air Force Base, près de Macon, Géorgie, fut considéré comme capable de provoquer le crash d'un avion s'apprêtant à se poser, ou même causer le lancement ou l'explosion des missiles de l'avion, alors que les militaires étaient dans l'impossibilité de couper ou de déplacer le radar vers un point plus éloigné de la piste d'atterrissage. Ils se contentèrent de publier, en octobre 1990, « un constat d'impact non signifiant » et éteignirent le radar chaque fois qu'un avion devait atterrir.

Le ministère de la Défense déclara 20 269 morts accidentelles parmi les soldats et les marins entre le 1er octobre 1979 et le 20 septembre 1988.[150] Étant donné que les procédures d'investigation ignorent le plus souvent Hero, il est impossible de calculer combien

---

148. Technical Investigation BB61 Addendum 3-Status, à partir de juin 1989.
149. Patricia Axelrod, op. cit.
150. *Worldwide US Military Active Duty Military Personnel Casualties, October 1, 1979, through September 20, 1998*, US Department of Defense Directorate for Information and Reports, brochure M07, 1980.

de décès peuvent lui être imputés. Cependant, le sénateur américain Sam Nunn ordonna en 1989 une enquête sur ce danger. En Grande-Bretagne, John McFall, membre du parlement, lança également une enquête similaire. En Allemagne, le parti des Verts et les militaires ouvrirent chacun une enquête lorsque s'écrasèrent cinq hélicoptères Blackhawk, qui s'étaient approchés d'un émetteur radio, entraînant la mort de tous les équipages. Un chasseur-bombardier Tornado allemand s'écrasa également près de Munich, après avoir volé trop près de l'émetteur radio de la Voix de l'Amérique.

Comme la micro-électronique envahit tous les secteurs de l'industrie d'armement, il est clair que les nouvelles armes de haute technologie risquent d'être sujettes aux mêmes types de problèmes. Les systèmes de défense de missiles balistiques, par exemple, actionnés par des superordinateurs, feront automatiquement fonctionner le lancement « en cas d'alerte », ce qui laisse très peu de marge à l'erreur. Le 25 janvier 1995, la guerre nucléaire fut évitée de justesse quand les Russes prirent une fusée norvégienne, lancée de l'île arctique d'Andoya, pour une attaque des USA sur Moscou. Bien que le président Boris Eltsine ait déclenché le signal d'attaque, l'ordre fut annulé douze minutes avant la riposte, quand les conseillers militaires russes remarquèrent que le missile ne se dirigeait pas vers leur territoire.[151] Dans un système de défense entièrement contrôlé par ordinateur, des interférences du type Hero pourraient s'avérer désastreuses.

---

151. *Nuclear Disarray*, Bruce Nelan, *Time,* 19 mai 1997.

Chapitre 3

La guerre informatique

Le 30 mai 2000, le général Henry H. Shelton, chef d'état-major de l'armée américaine, annonça les objectifs militaires pour 2020. Le communiqué précisait :

> La clé de voûte du projet JV2020 consiste en une force commune capable d'une « full spectrum dominance »[152]... prééminente dans toute forme de conflit. Quatre concepts opérationnels – manœuvre dominante, engagement de précision, logistique ciblée et pleine protection dans toutes les dimensions – sont toujours les fondements de JV2020.

Il émerge des nouveaux plans militaires que les technologies de l'information seront la clef de voûte du développement de la guerre dans le futur. Les USA pourront conduire des attaques sur les réseaux informatiques étrangers tout en protégeant leur propre système contre toute intrusion. Les frappes utiliseront entre autres la tromperie pour « défendre les processus de décision en neutralisant la gestion de la perception de l'ennemi et ses efforts pour collecter les renseignements ». Face à un langage aussi obscur, le profane ne peut que spéculer sur ce que cela implique. Le communiqué de presse concluait que la guerre de l'information deviendra aussi importante que les opérations « menées sur terre, dans les airs et dans l'espace ». Les militaires chinois affirmèrent eux aussi qu'ils envisageaient de donner à la guerre de l'information une dimension égale à celle de la guerre terrestre, navale ou aérienne.[153]

Le besoin de systèmes d'alarme précoce sophistiqués et de sources d'information fait partie de ce plan global pour la « domination » et la recherche d'un système de défense intégré.

---

152. Doctrine militaire visant à la domination absolue, dans toutes les dimensions du champ de bataille : terrestre, aérien, naval, psychologique, cybernétique, etc.
153. *Pentagon Envisions Cyber-warfare Rise, Washington Times,* 31 mai 2000.

Le Eros Data Center

Au début des années 70, le US Geological Survey, du ministère de l'Intérieur des États-Unis, construisit le Data Center Earth Resources Observation System (Eros) à Sioux Falls, Dakota du Sud. Les astronautes des navettes spatiales prirent des milliers de photos de l'écorce terrestre, en couleur naturelle et avec des filtres polarisants, ainsi que des photos d'objets dans l'espace tels que le déploiement de satellites. D'après une brochure de la Nasa :

> Les sites de surveillance critique de l'environnement sont photographiés à intervalles réguliers ; certains de ces documents photographiques remontent à l'époque des missions Gemini et Skylab (1965-75). Des images du limbe terrestre prises au lever et au coucher du soleil documentent des changements dans les couches de l'atmosphère terrestre. L'activité volcanique est surveillée en coopération avec le réseau d'alerte d'événements scientifiques (SEAN) du Smithsonian Institute. Les phénomènes météorologiques sont observés lors des missions des navettes spatiales. Une documentation sur les ouragans, les orages, les lignes de grains, les sillages des nuages au-dessus des îles et le jet stream complète les données satellites météorologiques en offrant une meilleure résolution et une couverture stéréoscopique de tous ces phénomènes.[154]

Ce centre est maintenant contrôlé par la Earth Observation Satellite Compagnie (Eosat) sous contrat du gouvernement américain, et ses données sont commercialisées depuis 1984 et le Land Remote Sensing Commercialization Act (Acte de commercialisation de la télédétection terrestre). Il abrite l'un des plus grands systèmes d'ordinateurs du ministère de l'Intérieur, avec des connections vers plus de cinquante terminaux aux États-Unis, au niveau fédéral,

---

154. National Aeronautics and Space Administration (Nasa) Lyndon B. Johnson Space Center à Houston, Texas, janvier 1987.

étatique et vers des sociétés multinationales. Il est également relié au Réseau du Centre national d'information cartographique de l'US Geological Survey. En 1987, le Eros Data Center possédait six millions de photographies aériennes de sites des USA et deux millions hors du territoire. Il s'agit là d'une banque de données inestimable pour des fins civiles comme militaires.

Cela fait maintenant des années que les militaires développent des superordinateurs pour gérer leurs impressionnantes collections de données, et les avancées de la technologie permettront la mise en réseau de centres comme Eros avec d'autres ordinateurs de l'armée. Le professeur Robert Birge, de l'université de Syracuse, dans l'État de New York, a inventé un cube de données, à peine plus grand qu'un morceau de sucre, qui peut contenir 20 giga-octets d'information (à peu près l'équivalent de 4 000 bibles). Il espère pouvoir étendre cette contenance jusqu'à 512 giga-octets dans un appareil de 1,6 cm par 1,6 cm par 2,7 cm. L'ingrédient clé de cette super puce est une sorte d'algue appelée « écume d'étang », que l'on trouve dans la baie de San Francisco.

Menwith Hill

Dans les systèmes de surveillance intégrés, il est nécessaire d'« entendre » aussi bien que de « voir » et dans un scénario futuriste de guerre, on peut imaginer que des sites tels qu'Eros soient reliés à un réseau global de postes d'écoute secrets. Menwith Hill, situé dans les landes anglaises au nord du Yorkshire, est l'un de ces postes. Il a été créé en 1952 par décret présidentiel des États-Unis, sans aucun débat au Congrès, et n'est devenu l'objet d'un examen public par des chercheurs britanniques que dans les années 1970. Bien qu'ils n'aient utilisé que des sources d'information publiques, ils ont été arrêtés sous le coup de la législation britannique des secrets d'État et poursuivis au cours du « procès ABC ».[155]

---

155. Voir, par exemple, le site internet *Guardian-unlimited.co.uk* ou *www.networkingusa.org/fingerprint/page1/fp-political-control.htm*.

La base d'espionnage de Menwith Hill, connue auparavant comme la 13e USASA Field Station, est gérée par un personnel de plus de 1 800 personnes, pour la plupart des Américains, qui socialisent de façon très sporadique avec leurs voisins britanniques.[156] Le site est dirigé par l'Agence de Sécurité Nationale des États-Unis (la NSA), et, alors qu'au départ il n'espionnait que l'Europe, il couvre aussi l'Afrique du Nord et l'Asie occidentale. Plus récemment, le réseau s'est étendu à l'échelle mondiale et intercepte les satellites Intelsat, qui gèrent la plupart des appels téléphoniques mondiaux, les échanges internet, les e-mails, les fax et les télex. Ce poste d'écoute est relié à un réseau d'espionnage qui comprend Sugar Grove et Yakima aux États-Unis, Waihopai en Nouvelle-Zélande, Geraldton en Australie et Morwenstow au Royaume-Uni. Menwith Hill a joué un rôle crucial dans la guerre du Golfe comme dans la crise du Kosovo et a reçu la récompense « Director's Unit Award » pour ses services rendus dans Tempête du désert.

L'existence du système Echelon, une méthode de tri sous forme de dictionnaire utilisée à Menwith Hill, fut officiellement reconnue par le Comité des libertés civiles du Parlement européen dans un rapport intitulé *Évaluation des technologies du contrôle politique*. Le 27 mars 2000, l'Union européenne prit la décision inhabituelle de créer un « comité d'enquête » concernant ce système, car il était avancé que les États-Unis utilisaient les renseignements collectés au moyen d'Echelon pour obtenir des commandes d'avion de l'Arabie saoudite, au détriment du Consortium européen d'Airbus.[157]

Le 5 juillet 2000, le *Guardian* annonça que le système était de nouveau contesté et accusé d'espionnage industriel. Le procureur français, Jean-Pierre Dintilhac, suite à la plainte de Thierry Jean-Pierre, ancien juge et membre du Parlement européen, ordonna à

---

156. Yorkshire CND.
157. Steve Wright, *Assessing the Technologies of Political Control*, Omega Foundation, Science and Technology Options Assessment (STOA), Dick Holdsworth (ed), 6 janvier 1998. Le rapport STOA de cent douze pages est disponible au Parlement européen. Cf. également *Britain and US Accused in Spy Row*, Guardian, 5 juillet 2000.

la DST, le service de contre-espionnage français, de rassembler les preuves accusant Washington et Londres d'atteinte aux intérêts fondamentaux de la nation.

Le tout-premier objectif d'Echelon est d'ordre non-militaire. Le but du système est d'intercepter sans discrimination de grandes quantités d'information et de siphonner ce qui est « précieux » en repérant les mots clés. Cinq nations – les USA, le Royaume-Uni, le Canada, la Nouvelle-Zélande et l'Australie – se partagent les résultats avec tous les pays qui fournissent aux autres des « dictionnaires » de mots clés, expressions, des noms d'individus et de lieux à « taguer ». Les tags interceptés sont alors envoyés directement aux pays qui en ont fait la demande. Bien que beaucoup d'informations de valeur soient ainsi rassemblées sur des terroristes potentiels ou des activités criminelles, il semble que l'on soit peu regardant quant à ce qui est considéré comme cible légitime et comment le renseignement peut être utilisé.[158]

Contrôle de l'espace cybernétique

Alors que JV2020 (la vision de l'armée américaine pour 2020) se concentre sur les technologies de l'information comme arme de guerre, il s'avère qu'elles constituent aussi des outils d'une grande puissance dans les mains de ceux qui œuvrent pour la paix et veulent en finir avec le secret entourant les opérations militaires. Bien que l'Otan ait déterminé le cours des événements militaires pendant la guerre des Balkans, il s'est montré moins efficace en ce qui concerne le contrôle de l'espace cybernétique. La communication internet entre l'Europe, la zone des combats et l'Amérique du Nord a fourni au public de nombreux récits contredisant les rapports officiels.

Pour contrer cette situation, le président Clinton fit publier, par décision présidentielle, le 30 avril 1999, la Directive n° 68 créant un groupe nommé « International Public Information » (IPI) « destiné à influencer l'opinion publique mondiale en faveur de la politique

---
158. Steve Wright, op. cit.

étrangère américaine et contrer la propagande des ennemis des États-Unis ».[159] Le US Information Service, précurseur de l'IPI, composé du Airmobile Fourth Psychological Operations Group (couramment appelé « psy-ops »), fut également basé à Fort Bragg, en Caroline du Nord. Désormais, environ mille deux cents soldats et officiers sont employés pour répandre auprès des médias des « informations sélectionnées ». Le major Thomas Collins, du US Information Service, confirma que du personnel du psy-ops travailla au siège de Cable Network News (CNN) à Atlanta, Géorgie, en tant qu'employés réguliers de la chaîne. Ils durent vraisemblablement réaliser des reportages pendant la guerre du Kosovo.[160]

Les nouveaux mots d'ordre concernant l'information sont « risque de conflit minimum » et « synchronisation », ce qui peut paraître un effort louable pour diffuser la vérité. Cependant, cela peut aussi dissimuler une opération de propagande élaborée.

Bilan de la situation à la fin du XXe siècle

Avec les avancées de la technologie, la marge d'erreur s'amenuise. Nous avons créé des systèmes extrêmement complexes qui sont vulnérables aux pannes électroniques, aux dysfonctionnements des ordinateurs, aux piratages ennemis et aux interférences électroniques. Les armes modernes sont si puissantes que tout accident pourrait entraîner d'énormes pertes dans les populations et une destruction à grande échelle de l'environnement. La course pour produire des armements toujours plus grands et sophistiqués semble privilégier la vitesse sur la sécurité, et nous nous trouvons dans une situation où les armes sont testées sans que nous ayons une idée précise de l'impact qu'elles pourraient avoir sur nous et la nature qui nous environne.

---

159. Ben Barber, *Group will battle propaganda abroad*, Washington Times, 28/07/1999.
160. Information obtenue après confirmation approfondie par Geoff Metcalf, reporter au *WorldNet Daily*.

Chapitre 3

L'ignorance des technologies militaires et le secret gardé autour des expérimentations entravent considérablement l'investigation civile lors des désastres qui surviennent.

Un des exemples les plus connus d'enquête non résolue sur un accident d'avion civil est l'explosion du vol TWA 800 au large de Long Island le 17 juillet 1996. L'enquête civile identifia trois causes possibles : un missile, une bombe ou une erreur mécanique. Au bout d'une année d'investigation, il fut conclu que le réservoir central d'essence de l'avion avait explosé. Il contenait des vapeurs d'essence et était vide en partie. La cause de l'explosion ne fut pas déterminée, mais il est habituellement répété qu'il y eut une « étincelle ». Toutefois, aucune source d'étincelle ne fut jamais identifiée.[161]

Il s'agissait d'un Boeing 747-100, un avion totalisant 93 303 heures de vol et 16 869 vols aller-retour. Le Boeing 747 a, de tous les avions commerciaux, le plus long record de vol et est considéré comme un avion très sûr. Voler avec des réservoirs d'essence partiellement remplis n'est pas inhabituel et le câblage électrique ne se trouve pas à proximité du réservoir central d'essence. Les enquêteurs ne réussirent pas à déterminer ce qui avait déclenché l'explosion, mais ils écartèrent la possibilité d'une bombe ou d'un missile. Aucun fragment de bombe ne fut trouvé et les navires de guerre identifiés près de la catastrophe étaient beaucoup trop loin pour atteindre l'avion avec un missile. Par conséquent, ce crash fait encore partie officiellement des mystères insolubles.

Il existe un récit fort crédible de la catastrophe dans un livre écrit par James Sanders : l'avion aurait été abattu par un missile au cours d'une expérimentation de la marine qui s'est mal terminée.[162]

---

161. Rapport de l'Office of Research and Engineering, US National Transportation Safety Board, par Vernon S. Ellingtad, du 20 octobre 1998. Aucune cause de la destruction de l'avion du vol TWA 800 n'a été déterminée et, apparemment, l'enquête est toujours en cours, selon la déclaration officielle faite à la fin de l'audience publique le 12 décembre 1997, par Alfred W. Dickerson, enquêteur responsable.
162. James Sanders, *The Downing of TWA Flight 800: The Shocking Truth Behind the Worst Airplane Disaster in US History,* Zebra Books, Kensington Publishing Corp. New York, NY, 1997.

Le secrétaire de la Navy, John H. Dalton, déclara devant le Senate Armed Services Committee que la Cooperative Engagement Capability (CEC – « Capacité d'engagement coopératif ») de la marine allait commencer des essais de tir réel durant l'été 1994, qui se poursuivraient en 1995 et 1996. Le CEC était l'élément clé de l'Advanced Concept Technology Demonstration (connue parfois sous le nom de « Mountain Top »), qui fut réalisée à Hawaï en février 1996. Le système était censé repérer un missile ou un avion « ennemi » dans l'encombrement des avions civils et autres leurres. Pendant les tests, un missile de la marine devait intercepter et « tuer » un drone de la marine ou un missile factice. Le système était sur le point d'obtenir la certification nécessaire pour la production et l'obtention des crédits, et devait procéder à des tests de plus en plus proches du réel.

Selon J. Sanders, le test final du système était en cours au large de Long Island le 17 juillet 1996, la nuit du désastre. Le drone avait été tiré, et le système informatique de radar et de ciblage Aegis[163] de la marine devait diriger un missile non-armé dans sa direction. La zone avait été choisie pour sa complexité, le flux constant de trafic commercial et la densité de l'encombrement au sol. La situation fut peut-être encore aggravée par le retard de décollage du TWA 800, une heure par rapport à l'horaire prévu. Le test se passa mal. Le ciel était rempli d'avions, les communications électroniques fortement brouillées et le dispositif de poursuite radar se verrouilla sur l'avion TWA au lieu du drone : il lança le missile d'attaque qui traversa le fuselage, un mètre ou deux sous la cabine des passagers.

> L'explosion ne fut pas instantanée et la tête du faux missile trancha l'énorme avion comme s'il s'agissait d'une feuille de papier, laissant dans son sillage une traînée de résidu rouge-orange. Il traversa le fuselage et ressortit par le côté gauche

---

163. Aegis est un système de radar et de gestion de cible utilisé par la marine américaine.

Chapitre 3

de l'appareil, juste en avant de l'aile, où il creusa un trou suffisamment grand pour qu'un homme puisse y passer.[164]

Parmi les preuves à l'appui de cette théorie, nous pouvons citer : une cavité proprement découpée, à l'entrée comme à la sortie, dans la cabine avant ; les récits certifiés de trente-quatre témoins oculaires ; les enregistrements radar de l'administration aérienne fédérale montrant un projectile qui se dirige vers le vol TWA 800 ; des documents du gouvernement américain confirmant que des tests navals avaient bien lieu dans la zone cette nuit-là. Le livre de J. Sanders présente une photo des sièges retrouvés dans l'avion, qui montre des taches rouge-orange, révélatrices du carburant d'un missile. Il y avait deux cent douze passagers et dix-huit membres d'équipage à bord de l'avion condamné. Il n'y eut aucun survivant.

Ce récit nous donne une idée effrayante de ce qui pourrait arriver dans des guerres futuristes conduites par des superordinateurs. Même si elles n'avaient jamais lieu, le processus actuel du développement de l'armement peut avoir des effets néfastes sur les hommes et leur environnement.

Dans le prochain chapitre, nous considérerons dans quelle mesure le changement climatique et les phénomènes météorologiques curieux peuvent être symptomatiques de ces excès militaires.

---

164. James Sanders, op cit, pp. 23-24.

Chapitre 4

Problèmes terre-à-terre avec les guerres des étoiles

Les scientifiques ont, de tous temps, été intéressés par l'espace et l'interdépendance entre les systèmes terrestres naturels et les couches extérieures de l'atmosphère. Ils sont tout particulièrement fascinés par les processus qui contrôlent le temps et le climat. En fait, l'intérêt porté à ces mécanismes naturels remonte aux époques les plus reculées, car le temps joue un rôle fondamental dans notre aptitude à survivre. Si nous sommes capables de le prévoir, nous pouvons choisir les cultures appropriées et la meilleure période pour semer et moissonner. Cela nous prévient du moment où nous pourrions être en danger face à des conditions climatiques extrêmes comme les ouragans, les inondations, les sécheresses, et nous permet de prendre les mesures de sécurité adéquates. La compréhension du climat influence le contenu des codes du bâtiment et les plans d'urbanisme, tandis que celle des processus atmosphériques s'est montrée d'une valeur inestimable pour la marine et l'aviation.

Depuis le XVIIe siècle et l'invention des instruments de mesure des conditions atmosphériques, les données météorologiques sont conservées de façon systématique. Aux États-Unis, les services météorologiques nationaux furent d'abord assurés en 1870 par l'Army Signal Corps, ce qui démontre une nouvelle fois la relation entre les militaires et les premières explorations de l'atmosphère. Au XXe siècle, les prévisions météorologiques devinrent un outil du marché global pour les traders et les investisseurs évaluant les zones de risques et la croissance potentielle. Par exemple, en 1977, le prix du concentré de jus d'orange surgelé doubla en quelques jours à la suite d'importantes situations de gel en Floride.

Chapitre 4

Toute cette activité autour de l'espace nécessita d'entreprendre des recherches sur la composition des couches atmosphériques et leur fonctionnement. Ainsi, pour garantir la précision des lasers d'attaque dont nous avons parlé au chapitre 3, les concepteurs durent comprendre et analyser de quelle façon les rayons seraient déformés par les processus atmosphériques. Autre exemple : les radars doivent pouvoir se verrouiller sur une cible et l'atteindre avec précision, ce qui conduisit les chercheurs à comprendre comment les conditions atmosphériques pouvaient interférer avec les ondes radio.

Quand les intérêts militaires et privés se chevauchent ainsi, il se produit la fusion des activités de recherche : les chercheurs civils observent les explorations militaires et les militaires portent un vif intérêt aux découvertes civiles. Pourtant, il n'est pas toujours facile de distinguer entre les deux communautés. Il existe une zone d'ombre entre les activités spatiales civiles et militaires, impliquant le financement par l'armée de recherches universitaires et des projets spatiaux internationaux avec le financement et la participation de nations amies. Même s'il s'agit de programmes totalement civils, ils fournissent une façade derrière laquelle les activités militaires peuvent acquérir légitimité et coopération.

Programmes spatiaux civils

Les activités spatiales de la société civile sont classées dans la catégorie « télédétection », terme relativement récent entré dans le vocabulaire à la fin des années 1960. Il se réfère à la photographie haute-résolution de la surface terrestre et à la mesure de la température et de la pression de son atmosphère, ce qui permet aux météorologues de prévoir le temps. En 1973, le Earth Resources Technology Satellite (ERTS 1) ouvrit de nouveaux champs d'application pour la télédétection et nous aida à améliorer notre connaissance de la Terre et la façon dont nos activités peuvent l'affecter. Ce programme prit le nom de « High Energy Astronomy Observatories » (HEAO) en 1978, et c'est dans ce cadre que furent placés en orbite le Einstein's Observatory (1978) et, plus récemment, le télescope Hubble.

À la fin de 1986, les satellites environnementaux étaient gérés par l'Agence spatiale européenne (ESA) et des programmes nationaux en Inde, au Japon, en Union soviétique et aux États-Unis. L'Organisation météorologique mondiale établit un Programme mondial de recherche sur le climat, qui donna naissance à la Veille météorologique mondiale. Une série de satellites en orbite géostationnaire fournit maintenant des informations sur les mouvements et l'analyse des nuages, les températures à la surface de la mer et l'humidité de la troposphère supérieure. Ces données sont largement utilisées pour la prévision du temps, l'identification des orages violents ou des fronts atmosphériques, les alertes aux catastrophes naturelles, la surveillance des routes maritimes et la navigation aérienne. L'imagerie satellite contribue à la détection de la glace sur les océans, les mers, les grands lacs et les autres masses d'eau de grande étendue. C'est aussi une source de renseignements vitale sur les activités menaçant l'équilibre naturel de la Terre, telles que la combustion des énergies fossiles et la destruction des forêts tropicales. Il est espéré à l'avenir que les capteurs satellites fourniront des données complémentaires sur la distribution dans le temps et l'espace de la concentration totale d'ozone et sur les contributions que l'énergie radiante du Soleil apporte à l'atmosphère terrestre. Ces informations seront précieuses pour les chercheurs qui contrôlent le dénommé « effet de serre ».

Aux États-Unis, 80 % des données concernant la planète sont collectées par des satellites en orbite polaire. Ils mesurent la température et l'hygrométrie atmosphériques, la température de surface, la couverture nuageuse, la couverture neigeuse, les limites eau-glace, l'ozone et le flux électron-proton à proximité de la Terre.

Chapitre 4

Leur capacité de recherche et de sauvetage signifie qu'ils peuvent localiser des ballons, des bouées, des navires et des stations automatiques autour du globe. Ils peuvent suivre et prévoir les événements solaires et les aurores boréales.[165]

Bien que la Russie et les États-Unis soient encore considérés comme les leaders de l'espace, à la fois en termes civils et militaires, beaucoup d'autres nations commencent à y participer, soit seules, soit en partenariat. La Pologne, l'ex-Allemagne de l'Est, la Hongrie, le Vietnam, Cuba, la Mongolie, la Roumanie, la Bulgarie, la Syrie et l'Afghanistan ont tous participé au programme de « cosmonaute invité ». L'Argentine et le Brésil sont en train de mettre au point de petites fusées-sondes et ont proposé un système satellite de communications domestiques. Le Mexique est également intéressé et déjà l'un des principaux utilisateurs des communications par satellite. La Suède développe ses propres fusées-sondes et satellites pour la recherche ionosphérique polaire, et l'ex-Tchécoslovaquie a accompli un travail considérable sur les instruments spatiaux. Israël a développé son programme spatial, l'Arabie saoudite est un membre éminent de l'organisation de satellites de communications Arabsat, et l'Australie a ses propres dispositifs de recherche et ses satellites.[166]

L'Agence spatiale européenne, qui comprend quatorze pays membres, a développé la série des fusées Ariane, le laboratoire spatial Spacelab et la sonde Giotto envoyée sur la comète de Halley. En 1968, le Japon a créé son Agence nationale de développement spatial (Nasda), dirigée par l'université de Tokyo. Elle est reconnue comme agence autonome sous l'égide du ministère de l'Éducation.

---

165. E. L. Heacock, *Remote Sensing and Meteorology: A Review of the State of the Technology and its Implications*, dans *Outer Space: A Source of Conflict or Cooperation,* Bhupendra Jasani (ed), United Nations University Press, en coopération avec le Stockholm International Peace Research Institute (SIPRI), Tokyo, 1991, pp. 69-90.

166. *Space Programs, National, Multimedia Encyclopaedia Grolier*, août 1996 (beaucoup d'autres références sont données pour une recherche plus approfondie sur les industries spatiales à l'échelle mondiale).

La Chine a été la cinquième nation à lancer son propre satellite en 1970. Au début de 1974, elle a développé sur ses fusées un troisième étage cryogénique, alimenté à l'hydrogène, une performance qui n'avait encore été accomplie que par les USA et l'Allemagne de l'Ouest. L'Inde présente un programme spatial dynamique se concentrant sur les technologies aérospatiales et les applications économiques directes. Le Canada a conduit des travaux novateurs sur les satellites de communications, les satellites ionosphériques pour la recherche sur la physique du plasma et sur les systèmes de contrôle robotique, y compris le maintenant célèbre « bras canadien » (Canadarm), qui peut manipuler ou récupérer des objets dans l'espace.

Cet intérêt mondial est important en soi, mais il prépare, inconsciemment peut-être, les troupes et le matériel pour les forces militaires du futur. Cela me rappelle le programme « atomique de paix » du discours du président Eisenhower à l'Onu en 1954, qui répondit en créant l'Agence internationale de l'énergie atomique afin de promouvoir l'utilisation pacifique de l'énergie nucléaire à travers le monde. Cela encouragea les universités à enseigner à leur tour la physique et le génie nucléaires, et à développer une attitude plus tolérante envers les déchets nucléaires et leur transport. Tout le monde pouvait travailler pour cet atome pacifique en toute bonne conscience, persuadé que son travail n'avait aucune relation avec les technologies des armes nucléaires.[167]

Bien sûr, l'utilisation des satellites pour étudier le changement climatique et ses effets sur les activités humaines est un exemple du côté positif de la recherche, qui s'intéresse aux problèmes les

---

167. L'Agence internationale pour l'énergie atomique (International Atomic Energy Agency – IAEA) fait la promotion de l'énergie nucléaire même dans les pays en voie de développement et a revendiqué la priorité sur l'Organisation mondiale de la santé (OMS) pour analyser les effets des radiations nucléaires sur l'homme, en raison d'un protocole d'entente conclu avec l'OMS en 1959. C'est grâce à cet accord, par exemple, que l'IAEA a été la première agence à étudier les effets de la contamination et les dommages causés à la santé humaine à la suite de la tragédie de Tchernobyl.

Chapitre 4

plus urgents de la planète et essaye d'en réparer les dommages. Toutefois, parce que les leaders mondiaux sont encore et toujours des « drogués » de la guerre, il n'existe aucune garantie que la recherche demeurera libérée de toute exploitation militaire.

Exploitation militaire de la recherche géophysique civile

Étant donné le lien étroit entre l'atmosphère et le temps, il n'y a rien de surprenant à ce que les activités militaires aient eu un impact sur les conditions météorologiques locales et régionales. Déjà en 1946, la General Electric Corporation, un des principaux contractants de l'armée américaine, avait découvert qu'en laissant tomber de la neige carbonique dans une chambre froide, on créait des cristaux de glace identiques à ceux qui forment les nuages. En quelques mois, cette découverte donna lieu à des expériences au cours desquelles fut lâchée à partir d'un avion de la neige carbonique sur les cumulus, transformant les gouttelettes d'eau des nuages en cristaux de glace, qui tombaient ensuite comme des flocons de neige. En 1950, les chercheurs découvrirent que l'iodure d'argent avait un effet similaire, ce qui donna l'impulsion au programme de recherche national sur les modifications climatiques lancé par le président Eisenhower à la fin de la décennie.[168]

Les intentions des militaires américains de développer l'ingénierie environnementale, spécialement pour contrôler le climat, sont largement documentées.[169] Apparemment, le ministère de la Défense procéda à des expérimentations sur les orages et les ouragans à travers les projets Skyfire et Stormfury pendant la guerre du Vietnam. Zbigniew Brzeziński, fondateur de l'Institut des affaires communistes à l'université de Columbia et conseiller pour les affaires étrangères des présidents John F. Kennedy et

---
168. W. N. Hess, *Weather and Climate modification,* Wiley, New York, 1974.
169. Ce sujet a été traité lors des auditions du sous-comité du Congrès des États-Unis sur les océans et l'environnement international, dans les années 1970.

Lyndon B. Johnson, débattit des différentes façons d'utiliser un rayon électronique pour ioniser ou dé-ioniser l'atmosphère au-dessus d'une zone donnée.[170] Selon Lowell Ponte, auteur de *The Cooling* (*Le Refroidissement*, NdT), les militaires effectuèrent aussi des recherches pour savoir si les rayons lasers et des substances chimiques pouvaient détruire la couche d'ozone au-dessus d'un ennemi, endommageant les récoltes et la santé des populations par exposition aux rayons ultra-violets solaires[171]. Le Canada participa à ces études dès le début. Des satellites furent lancés dans l'ionosphère dès 1962 et se mirent à stimuler le plasma, apparemment juste pour voir ce qui se passerait.[172]

L'Assemblée générale des Nations Unies s'alarma de ces manipulations climatiques et, le 10 décembre 1976, approuva la « Convention sur l'interdiction d'utiliser des techniques de modification de l'environnement à des fins militaires ou toutes autres fins hostiles ». Elle fut promulguée le 27 octobre 1978, après une procédure d'agrément par le Conseil légal des Nations Unies.[173] Cependant, en qualifiant leurs projets de programmes pacifiques – « recherche fondamentale », « projets d'énergie solaire » ou « développement des ressources industrielles » –, les gouvernements réussirent à éviter la censure.

Expériences de modifications atmosphériques

Les expériences de modification de l'atmosphère peuvent être effectuées à partir soit de substances chimiques, soit d'ondes. Dans

---

170. Zbigniew Brzeziński, *Between Two Ages: America's Role in the Technetronic Era,* Penguin Books, Cambridge, MA, 1976.
171. Lowell Ponte, *The Cooling,* Prentice-Hall, Inc., New Jersey, 1976.
172. Michael Rycroft, *Active experiments in space plasmas*, *Nature,* vol. 287, 4 sept. 1980, p. 7.
173. C.N.263.1978.Treaties-12 (Convention on the Prohibition of Military or Other Hostile Use of Environmental Modification Techniques, 10 décembre 1976, Assemblée générale des Nations Unies).

Chapitre 4

le premier cas, sont introduites dans l'atmosphère des substances chimiques qui causent des réactions, visibles ou invisibles depuis la surface de la Terre ; dans le second, est introduite de la chaleur ou une force électromagnétique qui interrompt ou déforme les mouvements ondulatoires normaux de l'atmosphère supérieure. Ces deux types d'expériences ont commencé depuis une soixantaine d'années.

Des nuages rouges et bleus dans le ciel
Le 25 juillet 1990, les militaires américains lancèrent un satellite contenant seize grands réservoirs et huit petits de produits chimiques – principalement du baryum et du lithium.[174] Ces produits furent libérés à intervalles donnés, à une hauteur de 32 km, juste au-dessus de la couche d'ozone. Cette activité fut reproduite à grande échelle et à différentes altitudes, en janvier 1991, date à laquelle l'US Air Force paya 170 millions de dollars et la Nasa 81 millions supplémentaires pour produire un jeu de lumière spectaculaire au-dessus de l'Amérique du Nord. Il put être vu jusque dans certaines parties de l'Europe de l'Ouest et de l'Amérique du Sud.[175] Les quantités de produits chimiques déversées furent augmentées par des fusées lancées simultanément de Porto Rico, dans les Caraïbes, et des îles Marshall, dans l'océan Pacifique. Les rayons solaires, en ionisant ces substances chimiques, produisirent des nuages à la fois bleus et d'un rouge intense, qui apparurent d'abord gros comme des têtes d'épingles puis s'élargirent en une trentaine de secondes jusqu'à la taille d'une pleine lune.

Le 10 novembre 1991, une aurore boréale apparut au-dessus de plusieurs États américains et put même être vue du Texas, phénomène qui ne s'était jamais produit à cet endroit. Le communiqué d'Associated Press le décrit ainsi : « Une des aurores boréales les plus spectaculaires depuis des années, qui stupéfia

---
174. Voir *United Nations Registry of Space Objects,* compilé par Jonathan McDowell, Harvard University, Cambridge, MA, 1997.
175. *Night Clouds Won't Have Silver Lining but Will Be Red, Blue, Scientists Say, Buffalo News,* 10 janvier 1991.

ceux qui contemplaient le ciel de l'Ohio jusqu'à l'Utah, et aussi loin que le Texas au sud, où les particules solaires illuminèrent les nuages, la surface des eaux, les rideaux des maisons, d'un vif éclat nocturne. » Julia Penn, qui habite près de Chicago, en fit une description colorée : « C'était les couleurs de Noël ! Mes enfants hurlaient : ''Le père Noël arrive ! Le père Noël arrive !'' » Certaines personnes appelèrent le 911[176], croyant que le rougeoiement dans le ciel était celui d'un incendie. Plusieurs brigades de pompiers se déplacèrent, commettant la même erreur. John A. Simpson, professeur de physique à l'université de Chicago, émit l'hypothèse qu'une éruption solaire avait touché l'atmosphère, rendant les molécules d'air incandescentes.[177] Ce spectacle de lumières de novembre ne semble pas avoir été délibéré, bien qu'on ne puisse l'affirmer. Toutefois, qu'il ait été intentionnel ou non, la plupart des scientifiques interrogés admirent que l'ionosphère avait dû cesser de jouer son rôle protecteur et, qu'au lieu d'être capturées dans les couches supérieures de l'atmosphère, des particules chargées d'électricité frappaient l'atmosphère inférieure terrestre. Quant à savoir pourquoi l'ionosphère n'avait pas joué son rôle et pourquoi le phénomène s'était produit beaucoup plus au sud que jamais auparavant, personne ne s'aventura à émettre des suppositions. Il ne paraît pas déraisonnable d'établir un lien avec le fait que, juste avant, les militaires avaient déversé des produits toxiques dans l'ionosphère.

Les USA et le Canada coopèrent à des expériences de modifications climatiques depuis 1958. Des fusées Black Brant fabriquées à Winnipeg, Manitoba, sont utilisées depuis de nombreuses années pour propulser des Chemical Release Modules (CRM – Modules de déversement de produits chimiques) dans l'atmosphère supérieure. En février 1983, des rejets de CRM dans l'ionosphère provoquèrent

---

176. N° d'urgence aux États-Unis, NdT.
177. *Northern Lights Thrill Sky Watchers from Texas to Ohio*, Kansas City Star, 10 novembre 1991.

une aurore boréale au-dessus de Churchill, Manitoba. En mars 1989, deux fusées Black Brant X et deux fusées Nike Orion furent lancées et rejetèrent du baryum à de très hautes altitudes, créant des nuées ardentes artificielles qu'on put observer jusqu'à Los Alamos, Nouveau-Mexique, où se trouve le laboratoire des armes nucléaires des États-Unis.

Le programme CRM Churchill concernait différents composés du baryum, y compris de l'azoture de baryum, du chlorate de baryum, du nitrate de baryum, du perchlorate de baryum et du peroxyde de baryum. Tous ces produits sont combustibles et la plupart détruisent la couche d'ozone. Au cours du programme de 1980, quelque 2 000 kilos de produits chimiques furent déversés dans l'atmosphère, y compris 1 000 kilos de baryum et 100 kilos de lithium.[178] Le lithium est une substance toxique hautement réactive, très facilement ionisée par les rayons solaires. Cette ionisation augmente la densité des électrons dans l'atmosphère inférieure et crée des radicaux libres hautement réactifs, qui peuvent causer à leur tour des modifications chimiques.

La somme d'énergie que contiennent les particules chargées de l'ionosphère est énorme en « termes terrestres ». Les particules les plus énergétiques que produit la Terre sont les particules émises par les matières radioactives, particulièrement celles créées par les réactions nucléaires. La plupart de ces particules ont une énergie inférieure à 1,5 MeV (million d'électronvolts). Chaque atome est formé d'un noyau composé de neutrons et de protons, avec des électrons en orbite autour. Les protons sont chargés positivement, mais, du fait que le nombre de protons d'un noyau est égal au nombre d'électrons tournant en orbite autour du noyau, les atomes sont électriquement neutres. Bien sûr, cet équilibre change quand les rayons solaires excitent les atomes et qu'un électron atteint une vitesse suffisante pour se libérer.

---

178. Information obtenue à la Bibliothèque parlementaire d'Ottawa, Canada, sur demande de Jim Fulton, Membre du Parlement.

L'énergie des protons venant des espaces intergalactiques peut varier de 100 MeV jusqu'à des sommes astronomiques. Ces protons représentent environ 10 % de la totalité des particules chargées de l'ionosphère supérieure terrestre. Ceux venant de notre soleil constituent le reste des grosses particules chargées, et leur énergie va de 1 à 20 MeV, ce qui demeure encore considérable au vu des mesures terrestres. Ces particules à haute énergie sont affectées par le champ magnétique terrestre et par les latitudes géomagnétiques (distance au-dessus et en dessous de l'équateur géomagnétique). La densité du flux de protons à basse énergie dans la partie haute de l'atmosphère est normalement plus grande aux pôles qu'à l'équateur, mais elle varie également en fonction de l'activité solaire. Les changements dans l'ionosphère se répercutent sur la météorologie et le climat terrestres.

Les expérimentations chimiques sur l'atmosphère terrestre furent, sans aucun doute, liées au désir des militaires de puiser dans cette immense source d'énergie et à leur volonté de contrôler le climat. Il n'existe pas de rapport sur leur impact environnemental, étant donné qu'elles précédèrent toute législation qui aurait pu les exiger. J'ai interrogé le bibliothécaire parlementaire du Canada au sujet d'éventuels comptes-rendus des répercussions de ces expériences. Il me répondit qu'il n'existait pas de problème environnemental puisque les scientifiques conduisant ces essais n'en avaient rapporté aucun et qu'il n'y avait eu aucune protestation de la part du public. Bien entendu, ce dernier ne pouvait imaginer que ce ciel aux si belles couleurs qu'il avait admiré pouvait être le résultat d'expérimentations militaires.

Tester l'atmosphère

Le second type d'expériences concernait l'utilisation des ondes. Une onde est « une perturbation qui se déplace et transporte de l'énergie mais pas de matière ».[179] Nous sommes probablement plus familiers avec les ondes mécaniques, qui impliquent la perturbation d'un médium tel que l'air, l'eau ou le sol – les vagues de la mer en sont un exemple. L'eau monte et descend au fur et à mesure que la vague progresse, mais c'est l'énergie de la vague que nous voyons se diriger vers le rivage et non pas l'eau elle-même. S'il y a une bouée, elle est secouée par la vague mais n'avance pas vers le rivage. Les ondes sonores sont identiques : elles se déplacent dans l'air, l'eau ou le sol, transportent de l'énergie et des informations mais pas de matière. Nous utilisons des ondes ultra-sons pour sonder le corps humain ou faire apparaître l'image d'un fœtus dans le ventre de sa mère. Les tremblements de terre propagent des ondes mécaniques à travers la planète que nous pouvons utiliser pour obtenir des images du sous-sol et déceler des nappes de pétrole.

Quand l'eau ou l'air se déplacent ou sont décalés dans une direction à angle droit par rapport au mouvement de l'onde, on parle d'« onde transversale ». Il y a aussi des ondes longitudinales lorsque la matière effectue un mouvement de va-et-vient dans la même direction que le flux d'énergie. Il est possible de comparer le mouvement de cette onde à celui d'un ressort enroulé à l'intérieur d'un long tuyau et fixé aux deux extrémités. Si vous comprimez le ressort à une extrémité, vous étirez la section suivante. Lorsque vous relâchez tout, l'extrémité reprend sa forme d'origine et comprime la section proche, qui étire à son tour la section suivante, et ainsi de suite. Ceci met en route une onde dans laquelle la matière fait localement un mouvement de va-et-vient, mais l'onde elle-même semble se déplacer d'une extrémité à l'autre du ressort. Seule une substance compressible peut « transporter » une onde longitudinale.

---

179. Richard Wolfson et Jay M. Pasachoff, *Physics with Modern Physics,* seconde édition, HarperCollins College Publishers, New York, NY, 1995.

Bien sûr, vous ne pouvez pas comprimer et étirer un liquide de la même façon qu'un ressort enroulé ; il est vrai cependant que toute matière peut être comprimée jusqu'à un certain point. Les ondes sonores sont des ondes longitudinales et peuvent par conséquent se propager dans l'air, l'eau ou le sol. Une masse d'eau circonscrite (par exemple, dans une bouteille pleine et hermétiquement bouchée) ne peut pas transmettre une onde transversale mais longitudinale. Nous allons voir comment ce simple fait est utilisé dans les études de géophysique terrestre.

Dans un cycle d'ondes complet, l'énergie se déplace dans une direction déterminée, puis rebondit et retourne à son point de départ. La fréquence des ondes correspond au nombre de cycles qui franchissent un point donné par unité de temps, généralement par seconde, et cette fréquence est normalement mesurée en hertz. L'oreille humaine peut percevoir des fréquences sonores entre 20 et 20 000 Hz. En dessous de 20 Hz, on parle d'infrasons. Quand de grands bâtiments se mettent à vibrer, ils émettent ce type de sons. Au-dessus de 20 000 Hz, il s'agit d'ultra-sons et c'est ce type de fréquences qui est utilisé pour poser des diagnostics en médecine, localiser des objets sous-marins, analyser des matériaux et pratiquer des analyses microscopiques.

De petites vagues à la surface d'un étang peuvent se déplacer à une vitesse de 20 cm à la seconde, mais les sons se déplacent dans l'air beaucoup plus rapidement, à 340 m à la seconde. Un tremblement de terre se propage à travers l'écorce terrestre à des vitesses qui peuvent atteindre 6 000 m à la seconde.

La quantité d'énergie transportée par une onde s'appelle « l'intensité », et elle se mesure en watts par mètre carré subissant l'impact. À une distance de 4 m d'un orchestre de rock jouant fort, l'intensité du son est de 1 watt par mètre carré ; le son émis par un avion à réaction est d'environ 10 watts/m^2 à une distance de 50 m ; l'intensité des radiations solaires sur la Terre est à peu près constante et est égale à 1 370 watts/m^2 ; l'énergie à l'intérieur

Chapitre 4

d'un four à micro-ondes est d'environ 6 000 watts/m^2 ; et en un point situé à 5 km de l'épicentre d'un tremblement de terre de force 7 sur l'échelle de Richter, l'énergie de l'onde sismique est de 40 000 watts/m^2.

Les ondes électromagnétiques telles que les ondes radio, les micro-ondes ou la lumière visible possèdent beaucoup des propriétés des ondes mécaniques. Par exemple, elles aussi peuvent transporter du son, mais elles se propagent plus vite et ont la capacité de traverser le vide de l'espace. Les ondes électromagnétiques à très basse fréquence traversent également l'écorce terrestre et les océans. Cette propriété s'est avérée très utile pour les militaires – entre autres, pour transmettre des messages aux sous-marins en immersion. La Terre reçoit tous les jours de l'énergie électromagnétique en provenance du Soleil. Les hommes ont cependant inversé ce processus de façon délibérée et utilisé les ondes électromagnétiques aussi bien pour explorer l'atmosphère supérieure que pour sonder les structures internes de la Terre.

Dès 1966, des chercheurs de l'université de l'État de Pennsylvanie construisirent et mirent en service un dispositif de réchauffement ionosphérique utilisant l'énergie électromagnétique pour stimuler et chauffer la partie inférieure de l'ionosphère. Comme cet appareil causait des problèmes aux pilotes, il fut transféré dans un lieu plus éloigné, à Plattesville, dans le Colorado. En 1974, il existait des centres de recherche similaires à Arecibo, Porto Rico, et à Armidale, dans le New South Wales, en Australie. En 1975, alarmé par ces nouvelles expérimentations atmosphériques, un sous-comité du Sénat américain tenta d'introduire des notions de responsabilité en matière de modifications climatiques et demanda que toutes les expérimentations soient supervisées par un organisme civil responsable devant le Congrès. Malheureusement, ce projet de loi ne fut pas adopté.

En 1983, le dispositif de réchauffement de Plattesville ainsi que son transmetteur et son antenne furent à nouveau déplacés, cette fois-ci sur le site de lancement de fusées de Poker Flats, en Alaska. Le contrat d'exploitation fut confié au département de génie électrique de l'université de l'État de Pennsylvanie, sous la direction du Dr Anthony Ferraro. L'université fait fonctionner le dispositif de réchauffement pour l'US Navy. Un autre centre de recherche, conduit par le Laboratoire de physique du plasma de l'université de Californie, abrite le projet High Power Auroral Stimulation (Hipas – Stimulation aurorale à haute puissance), situé à Two Rivers en Alaska, à 40 km à l'est de Fairbanks. À l'aide d'une série de fils et d'une antenne de 15 m, cette installation envoie des signaux de haute intensité dans l'atmosphère supérieure, créant des perturbations contrôlées. Hipas occupe un site de 48,6 hectares et comprend « huit éléments, formant un réseau circulaire de dipôles croisés ».[180] Un dipôle croisé est un ensemble de cinq tours de transmission, dont une au centre. Les quatre autres sont disposées en carré autour et les diagonales de ce carré se coupent sur le transmetteur central. Deux tours supplémentaires viennent former un rectangle (comprenant trois tours sur chaque longueur), et une troisième s'ajoute à l'intersection des deux nouvelles diagonales, le tout formant une installation de huit éléments avec deux dipôles croisés.

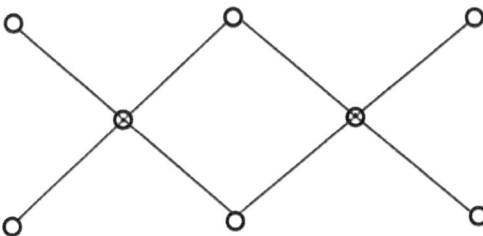

Hipas fut la première tentative d'utilisation de l'ionosphère pour résoudre les problèmes de communication avec les sous-marins immergés. En 1990 débutèrent à Gakona, en Alaska, les travaux de construction d'un dispositif de réchauffement beaucoup plus ambitieux.

---
180. Source : *www.hipas.alaska.edu*.

Chapitre 4

*High frequency Auroral Active Research Program – Haarp
(Programme de recherche active sur les hautes fréquences aurorales)*

Le site de ce projet se trouve à mi-chemin entre Anchorage et Fairbanks, en Alaska, à proximité de l'une des plus belles routes au pied des contreforts des montagnes Rocheuses canadiennes. En voyageant le long de cet axe routier, on découvre les effets du changement climatique, car la toundra d'Alaska à travers laquelle il fut construit s'est mise à fondre, ce qui donne à la route un aspect spongieux. J'ai aussi remarqué que certains des poteaux électriques et téléphoniques penchaient sous un angle inhabituel par suite des glissements de terrain. L'élégante symétrie du réseau de transmetteurs formant l'ensemble Haarp pourrait bien devenir la prochaine victime de ces mouvements de terrain.

Bien que Haarp soit officiellement un projet civil, il est entièrement financé et dirigé par l'US Air Force Research Laboratory et l'US Office of Naval Research. De petites bourses assurent un flux régulier d'étudiants venant de l'université d'Alaska et d'autres universités américaines. Cela entretient le sentiment que ce programme est universitaire.

Le but officiel de Haarp est de « comprendre, simuler et contrôler les processus ionosphériques qui pourraient altérer le fonctionnement des systèmes de communication et de surveillance ». Il peut émettre dans l'ionosphère des ondes radio de haute fréquence d'une intensité de 3,6 mégawatts (millions de watts) dans le but de (selon les termes utilisés) :

 - produire des ondes extrêmement basse fréquence (ELF) pour communiquer avec les sous-marins immergés,
 - réaliser des sondages géophysiques pour identifier et décrire les processus ionosphériques naturels afin de développer des techniques permettant de les atténuer ou de les contrôler,
 - créer des lentilles ionosphériques pour concentrer de grandes quantités d'énergie à haute fréquence, et trouver ainsi un moyen

de déclencher des processus ionosphériques potentiellement exploitables à des fins militaires par le ministère de la Défense,
- provoquer l'accélération des électrons pour que les rayons infrarouges (IR) et autres émissions optiques puissent être utilisés afin de contrôler les propriétés de propagation des ondes radio,
- créer l'ionisation alignée d'un champ magnétique pour contrôler les propriétés de réflexion et de diffusion des ondes radio.[181]

La raison pour laquelle je donne une liste des objectifs de ce projet civil et militaire n'est pas d'« égarer » ou d'abuser de la crédulité du lecteur, mais de montrer combien ces objectifs sont peu en accord avec les aspirations habituelles de la recherche universitaire. Il n'est pas nécessaire de comprendre toutes les finesses de la science pour se rendre compte que Haarp va modifier l'ionosphère, ce système si complexe qui permet la vie, à seule fin d'aider à la réalisation d'objectifs militaires.

Haarp fut choisi par un prestigieux panel de journalistes pour publication dans le magazine *Project Censored* comme étant l'un des dix sujets les plus ignorés de 1994. L'un des pionniers de la recherche d'information sur le sujet est Nick Begich, docteur en médecine, naturopathe renommé et fils aîné de l'ancien membre du Congrès, Nick Begich, maintenant décédé. Le Dr Begich publia le premier article important sur Haarp en octobre 1994 dans *Nexus*, magazine international australien. Il est, avec Jeane Manning, journaliste scientifique expérimentée ayant passé une dizaine d'années à chercher des sources d'énergie non conventionnelles, co-auteur du livre *Angels Don't Play This Haarp*, dans lequel il expose tout ce qu'il a pu rassembler au sujet de Haarp à partir des documents mis à la disposition du public. La lecture de cet ouvrage donne froid dans le dos.[182] Il existe aussi une brochure disponible

---

181. *Haarp: HF Active Auroral Research Program*, Joint Service Program Plans and Activities: Air Force Geophysics laboratory and Navy Office of Naval Research, février 1990.
182. Nick Begich et Jeane Manning, *Angels Don't Play This Haarp,* Earthpulse Press, Anchorage, AK, 1995. Tite français : *Les Anges ne Jouent pas de cette Haarp*.

Chapitre 4

auprès de l'Office of Naval Research ; elle fournit des renseignements de base, mais il est toujours préférable de lire avec précaution les descriptions que les militaires font de leurs expérimentations. Le ministère de la Défense des États-Unis fournit à ses entrepreneurs industriels un manuel stipulant qu'il faut rédiger « des histoires qui doivent être crédibles et ne révéler aucune information au sujet de la vraie nature du projet ».[183]

La première phase du projet Haarp s'acheva en 1995. Elle comprenait un réseau de dix-huit antennes (une grille de trois antennes par six), ou tours de transmission. Il s'agit de dispositifs de réchauffement ionosphérique sommairement synchronisés. Les pylônes de chaque tour mesurent 20 mètres de hauteur et sont placés à 244 mètres les uns des autres. L'installation comporte également des instruments de diagnostic pour mesurer les effets du réchauffement de l'ionosphère. Des expérimentations ont été programmées pour le mois de septembre 1995 et tout au long de l'année 1996. En 1998, quarante-huit tours de transmission étaient érigées sur le site, disposées selon un plan correspondant à un réseau de six tours par huit. Apparemment, le financement venait du Congrès, qui avait octroyé une subvention relativement modeste de 10 millions de dollars pour un projet intitulé « Efforts de contre-prolifération nucléaire dans le cadre du projet Haarp ». Il s'agit là du premier indice évident prouvant que Haarp fait partie du concept de bouclier spatial. Une somme aussi minime que 10 millions de dollars risque d'être trompeuse, car le système est conçu pour faire partie de plusieurs autres projets bénéficiant de financements généreux. En 2002, le site de Haarp possèdait cent quatre-vingts tours de transmission (douze par quinze), et couvrait 12,4 hectares.

L'un des objectifs est de produire des ondes extrêmement basses fréquences (ELF). De façon synthétique, les transmetteurs peuvent faire converger leurs faisceaux sur l'électrojet et, quand les rayons

---

183. On peut trouver ce texte dans un supplément au *National Industrial Security Program Manual*, publié sous forme provisoire en mars 1992.

synchronisés le frappent à angle droit, ils obligent le flux d'énergie électromagnétique à se propager de côté. Lorsque les faisceaux sont éteints, il reprend son cours normal. Si les rayons transmis sont allumés et éteints de façon rythmique, l'alternance de mouvements vers l'extérieur et vers l'intérieur crée un courant alternatif qui produit à son tour des ondes ELF pulsées. Ces ondes basse fréquence sont renvoyées vers la Terre et peuvent être utilisées pour les communications avec les sous-marins immergés et pour la « tomographie des profondeurs de la Terre », ce qui consiste à « scanner » les structures internes de notre planète, sujet dont nous reparlerons ultérieurement dans ce chapitre.

Un chercheur en électronique de la ville d'Albany, New York, libre de toute restriction militaire, put expliquer franchement ce que, selon lui, les expérimentations Haarp provoqueront :

> Haarp ne générera pas de trous dans l'ionosphère en la brûlant. C'est une sous-évaluation dangereuse de ce que le rayon géant de Haarp, qui se mesure en gigawatts, est capable de provoquer. La Terre tourne avec, au-dessus d'elle, les fines coques électriques de la pellicule multicouche de l'ionosphère qui absorbent et protègent sa surface des intenses radiations solaires, y compris des tempêtes de vent solaires et de leurs particules chargées, projetées par le Soleil. À cause de la rotation axiale de la Terre, s'il envoie une rafale d'ondes de plus de quelques minutes, Haarp fendra l'ionosphère comme un couteau à micro-ondes. Cela produira non pas un « trou » mais une longue déchirure – une incision.[184]

Même si l'ionosphère est appauvrie et « se répare » naturellement par l'action du Soleil, on ne sait pas comment l'atmosphère réagira à ces incisions faites par l'homme. Tout dans notre univers se situe dans un équilibre dynamique et il se peut que cette interférence

---
184. David Yarrow, cité dans *Angels Don't Play This Haarp,* op. cit., p. 73.

Chapitre 4

humaine déstabilise un système qui a établi et maintenu ses propres cycles depuis des millions d'années. Par comparaison, il est normal pour les hommes de passer une partie de chaque jour éveillés et l'autre à dormir. Pourtant, des périodes de sommeil ou d'éveil artificiellement induites peuvent entraîner des problèmes inattendus ou des perturbations significatives des rythmes de notre corps. Si les expérimentations avec les rythmes naturels de l'ionosphère présentent des dangers potentiels, quelles seraient alors les conséquences en cas d'utilisation de Haarp comme arme de guerre ?

Ce système repose sur une série de brevets déposés par le Dr Bernard J. Eastlund, physicien respecté diplômé de l'Institut de technologie du Massachusetts et de l'université Columbia, et président d'une compagnie de technologie à Houston, Texas. Ses brevets, obtenus alors qu'il travaillait pour Arco[185], reprennent essentiellement les travaux du Dr Nikola Tesla. Dans l'un d'eux, il décrit les applications potentielles d'un dispositif de réchauffement ionosphérique :

> On pourrait utiliser une grande quantité d'énergie telle que peut en produire un champ de pétrole, un gisement de gaz ou une centrale nucléaire, pour générer de l'électricité qui servirait à son tour pour créer des ondes électromagnétiques dans la zone de fréquence radio (zone RF) – en l'occurrence, de 1,5 à 7 MHz. Les ondes RF devraient ensuite être focalisées par une grande antenne à balayage électronique en certains points de l'ionosphère situés à une altitude de 150 km et plus, pour produire localement des intensités de champ suffisamment élevées pour accélérer les électrons jusqu'à des énergies relativistes.[186]

---

185. Arco est la société américaine qui a signé le contrat pour la construction de Haarp.
186. Bernard Eastlund, *Applications of in situ generated relativistic electrons in the ionosphere*, Eastlund Scientific Enterprises Corp, 13 décembre 1990.

« Énergies relativistes » signifient que ces électrons se déplaceront pratiquement à la vitesse de la lumière. Avec une si haute énergie, ils sont caractéristiques du plasma, et cette théorie pourrait donc être liée au concept de « bouclier spatial » dans lequel des zones de l'ionosphère sont excitées pour bloquer et détruire des armes en approche.

Les brevets du Dr Eastlund parlent également de « modifier les vents de l'atmosphère supérieure, afin d'obtenir des effets positifs sur l'environnement... Par exemple, l'ozone, l'azote et d'autres concentrations de l'atmosphère pourraient être augmentées artificiellement ». En théorie, Haarp pourrait faire pleuvoir dans les zones touchées par la sécheresse, diminuer les pluies au cours des inondations et éloigner les ouragans, les tornades et les moussons des régions habitées.

Haarp n'est pas sans lien avec le scénario de la guerre des étoiles. Nikola Tesla, dont les travaux ont contribué au développement des armes électromagnétiques, était dans ses quatre-vingts ans en 1940 quand la deuxième guerre mondiale menaça de détruire la civilisation occidentale. Il avait élaboré ce qu'il appelait une « téléforce », au moyen de laquelle « on pourrait faire fondre des moteurs d'avion à une distance de 400 km, créant ainsi un mur de défense autour du pays, véritable muraille de Chine invisible ».[187] Il n'eut pas le temps d'approfondir ses idées ni de les conduire à leur terme avant sa mort survenue en 1943.

Selon B. Eastlund, le projet Haarp actuel n'est pas encore assez sophistiqué pour réaliser tous les objectifs militaires imaginés, mais le potentiel de communication à lui seul le place très haut sur la liste des idées conçues pour la guerre des étoiles. Quelles seront toutes les possibilités offertes par ce complexe quand il aura atteint son développement final, est une question encore sans réponse. Il est toutefois intéressant de les envisager.

---
187. *New York Times,* 22 septembre 1940.

Chapitre 4

Un des premiers buts du projet demeure la manipulation de l'électrojet. Si ce dernier touche le sol, il peut éteindre un important réseau électrique et priver de courant toute une région. Il est peut-être aussi possible de l'utiliser pour « déposer de l'énergie » (un euphémisme militaire pour « causer une explosion ») en quelque endroit de la Terre. Lorsque Haarp sera achevé, il pourra réchauffer des zones spécifiques de l'ionosphère et les amener à produire une lentille de forme incurvée, capable de rediriger des quantités d'énergie significatives. Il se peut que ces rayons électromagnétiques réfléchis soient dans la gamme des hyperfréquences ou des ultraviolets et puissent être utilisés comme des armes, soit pour mettre le feu à des forêts ou des réserves de pétrole, soit pour cibler et tuer des êtres vivants de façon sélective.

Malgré le voile de secret qui enveloppe Haarp, certains documents militaires révèlent l'intérêt exceptionnel que l'armée porte à cette technologie. Par exemple, un rapport conjoint de l'Air Force Geophysics Laboratory et de l'Office of Naval Research déclare :

> D'après le point de vue de la Défense, cependant, l'aspect le plus passionnant et le plus stimulant du procédé de renforcement de l'ionosphère est son potentiel de contrôle des processus ionosphériques afin de pouvoir fortement intensifier la performance des systèmes C3[188] – ou refuser l'accès à un adversaire. Il s'agit d'un concept révolutionnaire, car plutôt que d'accepter les limites imposées aux systèmes opérationnels par l'ionosphère naturelle, il envisage de prendre le contrôle du moyen de propagation et de le transformer pour s'assurer que soit atteinte la capacité désirée du système.[189]

---

188. « C3 systems » : « systèmes de Commande, Contrôle et Communication ».
189. *Haarp: HF Active Auroral Research Program*, Joint Service Program Plans and Activities: Air Force Geophysics Laboratory and Navy Office of Naval Research, février 1990.

Il existe également une preuve que le réchauffement de l'ionosphère fait partie des plans de « domination » des militaires américains :

> Actuellement, un dispositif de réchauffement en Norvège, exploité par l'Institut Max-Planck en Allemagne, est en voie de reconfiguration pour être en mesure de fournir 1 gigawatt d'ERP (puissance de radiation effective) à une fréquence HF unique. Haarp doit avoir en définitive un dispositif de réchauffement HF avec une ERP largement au-dessus d'1 gigawatt ; en bref, ce sera l'équipement le plus puissant au monde pour conduire des recherches de modification ionosphérique.[190]

En 1988 et de nouveau en 1994, Caroline Herzenberg, du US Argonne National Laboratory, lança une alerte à titre privé et non dans le cadre de ses recherches professionnelles, déclarant que les nouvelles générations de dispositifs de réchauffement ionosphériques développées aux USA pouvaient être utilisées comme armes de guerre et violer les termes de la Convention Enmod.[191]

Deux autres brillants chercheurs, le Dr Elizabeth Rauscher et son collègue William Van Bise, publièrent un article commun, *Fundamental Excitatory Modes of the Earth and Earth-Ionosphere Resonnant Cavity*[192], qui décrit les harmonies de résonance entre la Terre, les différentes formes de vie, l'énergie du rayonnement solaire et les vibrations des systèmes de notre planète.[193] On utilise le terme de « résonance » lorsqu'une certaine fréquence d'onde coïncide avec la fréquence naturelle d'un autre système et provoque une réponse très amplifiée. Les effets de la résonance sont parfois inattendus et sans aucune mesure avec le niveau d'excitation.

---

190. Ibid., paragraphe 4.1.1.
191. *Angels Don't Play This Haarp*, op. cit., p. 64.
192. Modes d'excitation fondamentaux de la Terre et de la cavité de résonance de l'ionosphère terrestre.
193. Les délibérations du Symposium Tesla International, 1988, Reno, Nevada.

Chapitre 4

À grande échelle, on pense que les divisions des anneaux de Saturne ont été provoquées par un phénomène de résonance. En introduisant différentes fréquences d'ondes dans le système terrestre, il se pourrait qu'on obtienne des effets de résonance aussi inconnus qu'imprévus.

Ce transmetteur géant pose aussi d'autres problèmes. L'étude fédérale d'impact environnemental réalisée par l'Air Force au sujet de Haarp constate que les transmissions du dispositif « peuvent élever la température interne du corps des personnes proches, allumer des fusées éclairantes de secours dans les coffres de voitures, faire exploser les munitions aériennes utilisées dans les fusées électroniques, brouiller les communications entre avions ainsi que les systèmes de navigation et de contrôle de vol ». Même de légères augmentations du rayonnement électromagnétique peuvent causer des problèmes de santé comme la cataracte ou la leucémie, altérer la chimie du cerveau, modifier le taux de sucre dans le sang, la tension artérielle et le rythme cardiaque.[194]

Au lieu de répondre aux inquiétudes légitimes des scientifiques, les journalistes furent abreuvés d'histoires de source inconnue sur les peurs irrationnelles circulant pour alarmer le public :

> Les rumeurs bourdonnent sur la toile au sujet d'une expérimentation de physique du Pentagone qui se déroule sur une parcelle de Terre de l'US Air Force, balayée par les vents en Alaska, et qui a un but secret – déterrer des corps d'extraterrestres. Une autre rumeur circule que des hommes vêtus de noir... bondissent d'une berline noire pour tabasser les habitants de l'Alaska qui s'opposent au projet.[195]

---

194. Tracey C. Rembert, *Discordant Haarp*, dans *Currents, E Magazine, Britannica. com,* 1er janvier 1997.
195. John Mintz, *Pentagon flights secret scenario speculation over Alaskan Antennas, Washington Post,* 17 avril 1995.

Le ridicule est une arme excellente pour faire peur aux scientifiques sérieux et les dissuader d'entreprendre des investigations sur un projet, fatigués qu'ils sont d'être mêlés à des affaires qui pourraient ruiner leur réputation et interrompre leur flot de subventions. Avec une pareille couverture médiatique, qui prêterait l'oreille à des accusations aussi « bizarres » ? La tactique fut très efficace, car aucun effort concerté ne se manifesta pour répondre à la forte demande d'enquête au sujet de Haarp.

SuperDARNS
Le projet Haarp est lié à d'autres établissements militaires de recherche et ne peut être considéré isolément. En fait, on ne peut comprendre aucun projet militaire sans l'associer à tous les autres, étant donné qu'ils sont conçus pour interagir les uns avec les autres. Une de ces installations est le réseau de radars SuperDARN. Officiellement, il s'agit d'un « réseau de radars HF à haute latitude qui contribuera aux objectifs des Initiatives de recherche dans l'Arctique américain ». Ces objectifs sont « l'amélioration de la prévision des perturbations dans l'espace et leurs effets sur les communications en haute altitude, les réseaux électriques, la stabilité orbitale des satellites et des systèmes de défense ». Le réseau SuperDARN doit « faire progresser notre compréhension physique des couplages mécaniques et électrodynamiques dans la magnétosphère, l'ionosphère et l'atmosphère ».[196]

Il s'agit là d'un point intéressant, car le site internet de Haarp dit que « le couplage du haut vers le bas, de l'ionosphère vers la stratosphère, est extrêmement faible et qu'aucune interdépendance entre les variations ionosphériques naturelles et la météorologie de surface n'a été découverte »[197] ; pourtant, il est clair que les radars

---
196. Demande de subvention, *Arctic Research Initiative: expansion of tne SuperDARN Radar Network*, soumise au Dr Odile de la Beaujardière, National Science Foundation, Division of Polar Programs, 5 novembre 1996, par S.M. Krimigis, Head, Space Department, The Johns Hopkins University Applied Physics Laboratory. Ref. No AC-23434.
197. http://w3.nrl.navy.mil/projects/harp/faq.html.

Chapitre 4

SuperDARN ont pour objectif de fonctionner avec les installations Haarp. En effet, la demande de subvention faite pour SuperDARN signale : « Nous avons aussi l'intention de démarrer immédiatement des expériences en collaboration avec les dispositifs Haarp et Hipas (ces derniers sont mentionnés en tant que « dispositifs de modifications ionosphériques ») et d'entamer une collaboration avec les expérimentations en cours sur la Research Range de Poker Flats ». Dans une autre proposition, SuperDARN est qualifié de « ... diagnostic des modifications ionosphériques », lesdites modifications devant être entreprises par Haarp.[198] Lorsque Haarp ou tout autre dispositif de réchauffement ionosphérique provoquera un changement dans l'ionosphère, ou lorsqu'un facteur étranger telle qu'une éruption solaire affectera la protection externe de la Terre, les SuperDARNs pourront observer ce qui se passe dans l'atmosphère inférieure.

Chaque réseau SuperDARN comprend seize transmetteurs, un récepteur, une matrice de mise en phase et un ordinateur. Ils fonctionnent 24 heures sur 24, 365 jours par an, et sont opérés à distance par l'université Johns Hopkins dans le Maryland.[199] Les réseaux SuperDARN canadiens sont situés à Goose Bay dans le Labrador, Kapuskasing dans l'Ontario, et Saskatoon dans le Saskatchewan. Ils ont été construits sans beaucoup de débat et le public canadien n'est généralement pas au courant de leur existence. En 1999, deux nouveaux réseaux étaient en construction, l'un à Prince George, en Colombie britannique, et un autre à Kodiak, en Alaska. D'autres réseaux SuperDARN furent installés en Islande (Stokkseyri et Pykloybaer), en Finlande (Hankasalmien) et en Antarctique (Halley, Sanae et Syowa). Jusqu'à présent, aucune discussion publique n'a eu lieu quant à leur objet ou leur but, et

---

198. Demande de subvention OPP-9704717, accordée par la US National Science Foundation à Applied Physics Laboratory, de la Johns Hopkins University. Obtenue selon le Freedom of Information Act, par Kristin Stahl-Johnson, Kodiak, AK, 21 avril 1998.
199. Utilisateur : Applied Physics Laboratory, Johns Hopkins University, Baltimore, MD, comme identifié lors de l'attribution de la subvention (voir ci-dessus).

toutes les informations à leur sujet doivent être glanées en passant au crible les documents de recherche universitaires et les demandes de subvention.

Il semble que le dispositif Smes (Superconducting Magnetic Energy Storage – Stockage d'énergie magnétique supraconductrice) en construction près d'Anchorage, en Alaska, soit une autre pièce du puzzle ionosphérique. Il s'agit d'un site de stockage d'énergie au sol pour des armes à énergie dirigée. On s'attend à ce qu'il ait un champ magnétique de 30 000 à 40 000 gauss (celui de la Terre mesure environ 0,5 gauss). Étant donné qu'atteindre le potentiel d'interaction maximal entre Haarp, Hipas et le dispositif de Poker Flats nécessitera des apports massifs d'énergie électrique, le Smes peut faire partie du plan.

Tandis que certains de ces projets ont, de toute évidence, des applications militaires directes, d'autres sont des sujets de recherche vraisemblablement plus légitimes. Néanmoins, ils se caractérisent par de l'imprudence, de la curiosité incontrôlée et la volonté d'expérimenter le système qui nous fait vivre – pour voir ce qu'il fait et comment il fonctionne. Les risques de dommages potentiellement irréversibles envers l'humanité et sa biosphère ne peuvent être écartés.

Utiliser les ondes pour vérifier le cœur de la Terre

Tomographie pour sonder la Terre

Pour compléter cette exploration militaire de la totalité du système terrestre, il était nécessaire de sonder la Terre elle-même, ce qui implique de nouveau l'utilisation de la technologie des ondes.

Le fait que les liquides confinés ne peuvent pas propager d'ondes transversales, que les géologues appellent « ondes-S » ou « ondes sismiques », comme celles d'un tremblement de terre, alors que les solides le peuvent, a permis d'étudier les profondeurs de la Terre.

Chapitre 4

Les ondes-S laissent une ombre là où se trouvent des couches aquifères, des gisements de pétrole et de gaz, puisque ces liquides ne les propagent pas. Les ondes-S d'un fort tremblement de terre laissent une zone d'ombre du côté de la planète opposé à l'épicentre du séisme, puisqu'elles ne pénètrent pas le cœur liquide de la Terre. Des explosions de dynamite à petite échelle et des émetteurs de chocs mécaniques envoient des ondes-S dans la Terre à de moindres profondeurs, ce qui permet aux géologues de mesurer les changements de densité dans la roche et de localiser les nappes de gaz ou de pétrole.

Les explosions nucléaires souterraines propulsent des ondes d'énergie dans toutes les directions, créant à la fois des ondes-S et -P (« onde-P » est le terme utilisé pour les ondes longitudinales). En étudiant les ondes-P, qui peuvent pénétrer le cœur liquide de la Terre, les scientifiques découvrirent qu'il existe un autre cœur solide à l'intérieur du centre en fusion. Mesurer la durée de l'écho de ces ondes permet de calculer avec une assez grande précision la taille de ce cœur intérieur solide.

Le cœur intérieur et extérieur de la Terre est très riche en fer. Les physiciens n'ont pas complètement réussi à élucider le processus, mais, à cause de la rotation de la planète et des mouvements de convection du magma (causés par les différences de chaleur), des courants électriques prennent naissance dans le cœur liquide et créent le champ magnétique qui entoure la Terre. Nous savons également que, pour une raison non déterminée, ce champ magnétique s'inverse périodiquement, de l'ordre de tous les millions d'années, et la durée du phénomène s'étale sur un millénaire environ. Le champ magnétique terrestre interagit avec les ceintures de Van Allen et, pendant ses phases d'inversion, la couche externe protectrice de la Terre est considérablement réduite. La conséquence est que l'exposition de la surface terrestre aux particules de radiation solaire et cosmique est considérablement accrue. Certains scientifiques avancent l'idée que les changements évolutifs des espèces, dus à des mutations induites par le rayonnement, ont pu s'accélérer pendant ces périodes.

Le champ magnétique solaire s'inverse lui aussi, tous les onze ans, ce qui donne naissance au cycle de l'activité solaire et aux taches solaires. L'interaction complexe des champs magnétiques dans le système solaire est mal comprise, mais il est cependant possible de supposer qu'une grande variété de phénomènes est liée à ces changements dynamiques. Comme nous ne savons pas ce qui déclenche ces profonds changements, expérimenter avec le champ magnétique terrestre pourrait provoquer des conséquences imprévisibles.

Applications militaires de cette technologie

Bien qu'un arrêt partiel des essais nucléaires dans l'atmosphère ait été décidé en 1963, cela n'empêcha pas les chercheurs de poursuivre les explosions sous terre. Les Soviétiques, par exemple, effectuèrent une série d'essais soigneusement localisés le long de la chaîne de l'Oural. Ils cartographièrent avec précision toutes les structures souterraines de leur territoire, y compris les nappes de gaz et de pétrole. Les militaires américains, quelque peu entravés par la législation des États-Unis sur l'environnement, s'étonnèrent que cela soit possible sans rencontrer de forte opposition civile.

Il existe une connexion entre les expérimentations au-dessus de la surface terrestre et celles en dessous. Les dispositifs de réchauffement ionosphérique tels que Haarp créent des ondes à très basse fréquence (ELF), qui sont renvoyées vers la Terre par l'ionosphère. Ces rayons peuvent être dirigés au travers de la planète par une méthode appelée « tomographie terrestre profonde ». Étant donné que le faisceau lumineux utilisé pour convertir le courant électrique continu de l'électrojet en courant alternatif doit être pulsé, il est raisonnable de supposer que le rayonnement ELF qu'il génère est également pulsé. Les ondes ELF pulsées peuvent être utilisées pour transmettre des effets mécaniques et des vibrations à de très

Chapitre 4

longues distances à travers la Terre. En étudiant leur « ombre » – c'est-à-dire l'endroit où les vibrations sont interrompues –, il est possible de connaître et reconstruire les structures souterraines grandeur nature. Le financement de cette technologie figura dans le US National Defense Authorization Act de l'année 1995. En 1996, alors qu'il réduisait les budgets de la santé et de la protection sociale, le Congrès réserva une somme de 15 millions de dollars pour développer la tomographie de la Terre.

Le Pivert
Un livre écrit par Sheila Ostrander et Lynn Schroeder[200] nous apprend que les Soviétiques réalisèrent des expériences sur l'utilisation des ondes ELF pulsées, à des fréquences de 10 Hz, celles généralement présentes dans l'activité du cerveau humain[201]. Ces ondes pulsées furent détectées dans le monde entier. Le projet fut surnommé « Pivert » à cause de la similitude des sons audibles sur les récepteurs radio avec le tapotement du bec d'un pivert sur un tronc d'arbre. Il ne put être déterminé si ces signaux ELF pulsés provenant des Russes étaient délibérés ou seulement un effet secondaire de leurs activités ionosphériques.

Nikola Tesla émit la théorie que des forces électromagnétiques pouvaient être utilisées pour déclencher des effets tels que les tremblements de terre. Il est considéré que le Pivert russe est une forme actualisée des émetteurs de Tesla, testés pour la première fois le 11 juillet 1935. À l'époque, le *New York American* titrait : « Les tremblements de terre contrôlés de Tesla », en expliquant qu'il avait réussi à transmettre des vibrations mécaniques à travers la Terre. La version russe démarra le 4 juillet 1976 (le jour du 200ᵉ

---
200. Sheila Ostrander et Lynn Schroeder, *Super-Memory: The Revolution,* Carol and Graf Publishers, New York, NY, 1991, p. 299.
201. Les ondes du cerveau humain se situent généralement entre 4 et 35 Hz. Les ondes du cerveau des enfants ont tendance à présenter des fréquences plus basses, entre 4 et 7 Hz. Les ondes de la réflexion ou de la méditation chez l'adulte se situent entre 8 et 12 Hz, et les ondes actives d'alerte du cerveau d'un adulte sont entre 13 et 35 Hz.

anniversaire de la Déclaration d'indépendance des États-Unis).[202]

Ces premières expériences avec les ondes ELF entraînèrent une intense et surprenante coopération entre l'Union soviétique et les États-Unis. Selon le *New York Times* du 21 juin 1977, les États-Unis envoyèrent un aimant de 40 tonnes (considéré à l'époque comme le plus gros aimant au monde) à l'Union soviétique, accompagné d'une équipe de scientifiques américains. Cet aimant, disait-on, pouvait générer un champ magnétique 250 000 fois plus grand que celui de la Terre elle-même et devait faire partie d'un générateur magnéto-hydro-dynamique plus efficace, utilisé pour augmenter la puissance des transmetteurs Pivert soviétiques.

Les ondes ELF de 10 Hz peuvent aisément traverser un corps humain, et, puisque leur fréquence correspond à celle des ondes de notre cerveau, il est craint qu'elles puissent perturber la pensée humaine.[203] Les zones où sont produites les ondes ELF, tel que le centre de communication des sous-marins pour la région Pacifique à Hawaii, sont maintenant interdites d'accès, afin qu'aucun être humain ne puisse être exposé accidentellement. Cependant, de telles ondes peuvent également avoir un effet majeur sur les schémas migratoires des poissons et des animaux sauvages qui dépendent de champs énergétiques stables pour trouver leur chemin. Par ailleurs, les effets plus larges de la tomographie des profondeurs terrestres sont inconnus. Elle peut certainement provoquer des perturbations des systèmes volcaniques et des plaques tectoniques qui, à leur tour, auront des effets sur le climat. On sait, par exemple, que les tremblements de terre interagissent avec l'ionosphère. « La clé de la guerre géophysique est l'identification des instabilités environnementales auxquelles l'ajout d'une petite quantité d'énergie libérerait des quantités d'énergie infiniment plus

---
202. Voir une description du Woodpecker (pivert) dans le *Specula Magazine,* janvier 1978.
203. Bill Sweetman, *Aurora: The Pentagon's Secret Hypersonic Skyplane,* Motor Books International, Oscela WI, 1993, pp. 152-169.

grandes. »[204] Ceci nous rappelle les multiples interdépendances qui gèrent l'environnement de la Terre.

Le séisme de Tangshan en Chine du 28 juillet 1976, avec un bilan de 650 000 morts, fut précédé par une luminescence considérée comme causée par le dispositif de réchauffement ionosphérique soviétique.[205] Le 23 septembre 1977, le *Washington Post* mentionna une étrange boule de lumière, semblable à une étoile, qui fut vue au-dessus de Petrozavodsk. Un effet de rougeoiement identique fut signalé au-dessus du Midwest américain le 23 septembre 1993, lors de crues désastreuses. Au même moment, il fut rapporté la lueur d'un éclair s'élevant au-dessus des nuages dans l'atmosphère. Cela fut considéré comme un nouveau phénomène géophysique, car les éclairs se déplacent normalement d'un nuage à l'autre ou vers la terre.[206]

Le 12 septembre 1989, les magnétomètres de Corralitos (près de la baie de Monterey, en Californie) détectèrent des ondes aux fréquences inhabituelles, entre 0,01 et 10 Hz, la gamme d'ondes ELF la plus basse. Elles s'élevèrent jusqu'à environ trente fois leur intensité d'origine et s'éteignirent le 5 octobre 1989. Le 17, elles réapparurent soudainement à 14 h 00, heure locale, et envoyèrent des signaux si puissants qu'ils dépassèrent l'échelle du magnétomètre. Trois heures plus tard avait lieu le tremblement de terre de San Francisco. Le 29 mars 1992, le *Washington Times* rapporta que « les satellites et les capteurs au sol avaient détecté des ondes radio mystérieuses ou relatives à une activité électrique et magnétique avant les grands séismes du sud de la Californie de 1986-87, de l'Arménie en 1988, du Japon et du nord de la Californie en 1989 ». Le tremblement de terre du 17 janvier 1994 à Los Angeles

---

204. Voir Harold Puthoff, *Everything or nothing*, New Scientist, 28 juillet 1990 ; et Bill Sweetman, op. cit., pp. 91-94.
205. Ces deux événements, qui coïncidèrent, furent décrits par la suite dans le *New York Times* du 5 juin 1977.
206. Selon le Pr Gordon F. McDonald, directeur adjoint de l'Institut de géophysique et de physique planétaire à l'université de Californie, Los Angeles, et membre du Comité consultatif présidentiel américain pour les sciences, 1966.

fut également précédé d'ondes radio inhabituelles et de deux bangs supersoniques. Ces « coïncidences » étranges n'ont jamais trouvé d'explication satisfaisante.

Certains séismes récents furent très différents de ce qu'on appelle un tremblement de terre « typique ». Généralement, ils se produisent à 20 ou 25 km au-dessous du niveau de la mer.[207] Pourtant, celui qui a dévasté la Bolivie le 8 juin 1994 se produisit à 600 km en dessous de la surface.

Bien qu'il y ait toujours eu, de façon périodique, des tremblements de terre sur notre planète, leur nombre s'est accru ces dernières années. Beaucoup de données que nous aimerions consulter pour chacun ne sont pas disponibles, car de nombreuses zones du monde ne sont pas équipées des appareils sensibles nécessaires. Il semble toutefois fort probable que certains séismes aient été le résultat d'une activité humaine et non des forces naturelles. Dans une conférence de presse, le 28 avril 1997, William Cohen, secrétaire américain à la Défense, fit des commentaires sur les nouvelles menaces que possèdent potentiellement les organisations terroristes : « D'autres s'engagent dans un terrorisme de type écologique leur permettant de modifier le climat, de déclencher des séismes, des éruptions volcaniques à distance, en utilisant des ondes électromagnétiques. »[208] Les militaires ont l'habitude d'accuser les autres d'être en possession de moyens qu'ils ont déjà développés !

---

207. *Science News,* 18 juin 1994.
208. Nick Begish et James Roderick, *Earth Rising – The Revolution: Toward a Thousand Years of Peace,* Earthpulse Press, Anchorage, AK, 2000.

Séismes de magnitude 6 ou plus[209]

Magnitude (échelle de Richter)	1900-1949	Moyenne annuelle	1950-1988	Moyenne annuelle
6,0 à < 6,5	1 164	23	2 844	72
6,5 à < 7,0	1 110	22	1 465	38
7,0 à < 8,0	1 044	21	669	17
8,0 ou plus	101	2	30	1
Totaux	**3 419**	**68**	**5 008**	**128**

Note : Certains de ces séismes eurent lieu dans les deux ou trois jours suivant une explosion nucléaire souterraine, mais tous ne peuvent pas être attribués à ce type de perturbation.[210]

Les sondages des profondeurs terrestres semblent faire partie intégrante des objectifs militaires de contrôle et de manipulation des processus naturels de la Terre. Tandis que la capacité des ondes ELF à générer des mouvements terrestres, avec des bizarreries météorologiques, est déjà suffisamment effrayante, il est clair également que l'interaction entre la Terre et l'ionosphère pendant la production et la transmission de ces ondes peut affecter le climat de manière plus directe.

---

209. Chiffres d'après Gary T. Whiteford, *Earthquakes and Nuclear Testing: Dangerous Patterns and Trends*, présentés à la Seconde Conférence Internationale sur les Nations Unies et la Paix Mondiale, Seattle, Washington, 14 avril 1989.
210. *Earthquakes Induced by Underground Nuclear Explosions: Environmental and Ecological Problems*, édité par Rodolfo Console et Alexi Nikolaev, Springer-Verlag, Berlin, 1995 (publié en coopération avec l'Otan).

Gwen

Les guerres d'aujourd'hui nécessitent des émetteurs radio très puissants non seulement pour les communications mais aussi pour brouiller les transmissions ennemies et les défenses antiaériennes, poursuivre des cibles, guider des armes et atteindre des niveaux de radiation intenses capables de désactiver les circuits électroniques de haute technologie. Le système Gwen (Ground Wave Emergency Network – Réseau d'urgence à onde terrestre) fut conçu au départ comme dispositif de communication d'urgence en cas de guerre nucléaire. Gwen devait utiliser des radiations ELF de 72 à 80 Hz. Cette partie du spectre électromagnétique présente une longueur d'ondes extrêmement élevée, de 4 000 km, et il était considéré de ce fait qu'elle résisterait aux coupures occasionnées par l'impulsion électromagnétique d'une bombe nucléaire. De plus, avec les équipements les plus récents, il est possible d'obtenir la réception des ondes ELF à 400 m au-dessous de la surface des océans, alors que les ondes VLF (très basse fréquence), en dessous de 72 Hz, ne la pénètrent actuellement qu'à dix ou quinze mètres de profondeur.

En mars 1987, le colonel Paul Hanson, directeur du programme Gwen pour les forces aériennes, déclara que « les tours ne nous aiderons PAS dans une guerre nucléaire parce qu'elles seraient détruites dans tout affrontement prolongé ».[211] Dans ces conditions, pourquoi le gouvernement américain prévoyait-il la construction de vingt-neuf nouvelles unités pour un montant de onze millions de dollars ? Quelques indices sur les capacités de ce système peuvent être glanés dans sa longue histoire.

En 1968, la Navy rompit le silence qui avait entouré le développement d'un système de communication sous-marin ELF et annonça qu'elle allait construire dans le Wisconsin un dispositif capable de survivre à une attaque nucléaire. Ce projet comprenait un énorme réseau de câbles enterrés entre 1,20 m et 1,80 m sur une surface d'environ 16 828 km^2, et plus d'une centaine de transmetteurs encapsulés,

---
211. *New York Times,* 1er mars 1987.

Chapitre 4

le tout sans personnel. Ce projet ambitieux ne fut jamais réalisé à cause de l'opposition des civils. Pourtant, malgré ces objections, la marine construisit un laboratoire d'essai d'ondes ELF dans la forêt domaniale de Chequamegon, au sud du lac Clam, dans le Wisconsin, qui déroule 45 km de câbles d'antennes sur des pylônes aériens. En 1977, juste un an après le démarrage du Pivert russe, une expérience fut dénoncée par la population locale, car elle avait causé un déluge violent dans six comtés au nord du Wisconsin. Phillips, une petite ville de la région, fut complètement dévastée, ainsi que 350 hectares de forêt. Les dégâts causés par l'orage furent estimés à 50 millions de dollars.[212]

Un article décrivit l'événement en détails. Pendant cette formidable tempête :

> l'antenne commença les transmissions à 13 heures en passant de 25 à 72 ou 80 Hz [ce qui paraît correct étant donné que le signal ELF a un simple code 0-1 et nécessite seulement deux fréquences, une représentant 0 et l'autre 1]. Les transmissions étaient pulsées à un rythme de seize à la seconde. La boucle d'antenne ELF utilisa l'ionosphère comme enveloppe externe d'un condensateur sphérique [contenant un potentiel électrique supérieur à celui de la Terre environnante], le conducteur interne étant constitué par la surface de la Terre. Ce circuit reproduit le processus qui se déroule lors des orages avec tonnerre et éclairs.[213]

Les géophysiciens cités dans cet article avaient réalisé une analyse de la tempête à partir de relevés aériens. Elle révéla jusqu'à vingt-cinq points de localisation de l'orage. « Les vents en ligne droite s'écartaient violemment au niveau de ces points en rafales descendantes, chacun selon son type de configuration. » Tout se

---
212. P. A. C. E. *Newsletter,* vol 3, n°s 1-6, 1981.
213. P. A. C. E. *Newsletter,* vol 33, n°s 1-6, 1981. Localisés par Steve Elswick, Exotic Research, USA.

passait comme s'il y avait vingt-cinq tempêtes séparées éclatant sur une zone limitée. L'existence d'une relation directe entre les « points de localisation » et la position des transmetteurs ELF était évidente.

L'inquiétude du public au sujet des effets environnementaux et physiques des radiations électromagnétiques du projet obligea la Navy à l'arrêter. Elle en modifia le nom, de Sanguine à Seafarer (Surface ELF Antenna For Adressing Remotely-deployed Receivers), abandonna l'idée d'un projet pouvant survivre à une guerre nucléaire et lança une étude d'impact environnemental en vue de l'implanter dans la péninsule supérieure du Michigan. Elle envisageait d'équiper la région d'un vaste réseau de 12 168 km². Cependant, le 18 mars 1977, William G. Millikan, gouverneur du Michigan, opposa son veto au projet. Il est rapporté qu'il aurait déclaré : « Le peuple du Michigan ne veut pas de Seafarer, moi non plus. »[214]

En réponse, le président Carter mit un terme au projet le 16 février 1978 et demanda qu'il fasse l'objet de nouvelles études. Le programme fut relancé par le président Reagan, et, le 8 octobre 1981, le Pentagone proposa une version réduite comprenant deux transmetteurs, un dans le Wisconsin, l'autre dans le Michigan, connectés par « une liaison de données sécurisées » et fonctionnant indépendamment l'un de l'autre, avec chacun une intensité de signal plus faible. Ce dernier programme devint opérationnel dans les années 1990, et tous les sous-marins furent équipés avec des récepteurs ELF. Il s'agit là du système désigné sous le nom de Gwen.

Le rôle qu'il jouera dans les guerres à venir, étant donné qu'il ne résisterait pas à une attaque nucléaire comme prétendu au départ, n'est pas clair, mais l'on se demande si sa capacité à déclencher des tempêtes n'est pas une raison pour le maintenir. Le *Bulletin of the Atomic Scientist* fit remarquer que les unités Gwen se trouvaient directement au milieu de la zone de pluies torrentielles qui provoquèrent les inondations catastrophiques de 1993. Un

---
214. P. A. C. E. *Newsletter.*

Chapitre 4

changement inhabituel dans le jet stream fit barrière au front froid, déversant 150 à 200 fois plus de pluie que la normale.[215] Le 10 juillet 1993, le *New York Times* signala que ces pluies diluviennes parurent bloquées au-dessus de la région du Mississipi pendant plus de six semaines. Courant août, on apprit que plus d'un millier de digues avaient été endommagées ou emportées par les flots, que les maisons étaient détruites et les dommages causés aux cultures ne laissaient aucun espoir de récolte.

On spécula sur l'existence d'un « barrage électronique » utilisant les ondes des générateurs ELF – cela crée un champ magnétique qui ralentit ou bloque un front froid et fait tomber des pluies torrentielles au-dessus d'une zone donnée. Il est difficile de confirmer ou démentir ce fait, à cause de la confidentialité qui protège cette activité. Il est néanmoins certain que les manipulations climatiques sont possibles. En 1992, le *Wall Street Journal* publia un article au sujet de l'entreprise russe Elate. Igor Pirogoff, le directeur commercial, affirmait qu'ils pouvaient ajuster les conditions météorologiques sur une distance de plus de 300 km. D'après lui, « la compagnie peut dégager le smog dans certaines zones, dévier des typhons et chasser des pluies acides ».[216] En 1994, l'US Air Force déclara que les études sur les modifications climatiques avaient si bien progressé qu'elles étaient devenues une composante permanente de leurs opérations. Il était ajouté que les informations concernant le contrôle climatique étaient classées et ne seraient pas rendues publiques.[217]

Évidemment, le secret défense ne nous permet que de spéculer sur l'étendue exacte du potentiel militaire en ce qui concerne les modifications atmosphériques. Il est clair, cependant, que les phénomènes climatiques anormaux augmentent régulièrement.

---

215. *Newsweek,* 6 juillet 1993.
216. *Wall Street Journal,* 2 octobre 1992.
217. *Defense Daily Reports,* US Air Force, septembre et octobre 1994.

Changement climatique

El Niño est considéré comme responsable d'une grande partie des anomalies météorologiques, et son nom est devenu commun depuis les années 1997-98. Il est provoqué par le réchauffement périodique d'un courant de l'océan Pacifique remontant le long de la côte ouest de l'Amérique du Sud. On pense que ce réchauffement est lié à l'activité des volcans sous-marins, mais on ne sait pas pourquoi leur activité s'est intensifiée ces dernières années. El Niño des années 1997-98 fut, selon les termes de l'Office météorologique du Royaume-Uni, « le plus extrême enregistré dans les annales » et même nos modèles climatiques les plus sophistiqués n'y étaient pas préparés. Il causa de graves problèmes climatiques sur toute l'Amérique du Nord et jusqu'en Europe. Il détruisit le plancton des océans et fit chuter de façon dramatique les stocks de poissons au large des côtes du Pérou. Il provoqua des pluies diluviennes, des glissements de terrain, des ouragans, de mauvaises récoltes, des périodes de sécheresse et des feux de forêt gigantesques.

Jusqu'à il y a une quarantaine d'années, El Niño se manifestait environ tous les quatre à sept ans pendant une période approximative d'un an ; puis se produisait le climat opposé, La Niña. Tandis qu'El Niño apportait la pluie, La Niña répandait la sécheresse. Entre ces deux extrêmes, les régimes climatiques normaux reprenaient place. Cette périodicité des cycles climatiques changea brutalement au milieu des années soixante-dix, quand El Niño réapparut plus souvent et devint de plus en plus violent. Cette situation avait peut-être un lien avec le fait que le réchauffement climatique avait augmenté le degré d'humidité de l'atmosphère : au fur et à mesure que la température terrestre s'élève, l'atmosphère absorbe plus d'humidité, ce qui entraîne la présence d'une plus grande quantité d'énergie disponible capable d'engendrer des tempêtes et leurs fronts froids associés. Au-dessus des États-Unis, le degré hygrométrique de l'air a augmenté de 5 % tous les dix ans depuis

Chapitre 4

1973. Dans la zone tempérée de l'hémisphère Nord, il s'est accru globalement de 10 % depuis 1900.[218]

Cependant, les phénomènes météorologiques violents ne peuvent pas tous être attribués aux effets d'El Niño. Déjà, avant les intempéries dramatiques observées en 1997-98, il existait des signes indiquant que les normes climatiques avaient été gravement perturbées. Le Canada, par exemple, connut en 1996 des conditions extrêmes. Le 18 juillet, des grêlons de la taille d'un pamplemousse fissuraient le pare-brise et endommageaient le nez d'un avion de ligne effectuant un vol entre Vancouver et Ottawa. À la fin du printemps et au début de l'été, des pluies torrentielles inondaient le bassin de la rivière Saguenay, tuant dix personnes à Québec et en forçant plus de douze mille à abandonner leur maison. Les crues recouvraient plus de 1 000 km^2 de terres agricoles. Auparavant, en avril, deux tornades se déchaînaient sur les parties centrale et sud de l'Ontario, pulvérisant maisons et granges, fauchant des lignes électriques, tuant du bétail et blessant gravement de nombreuses personnes. À la mi-juin, des tornades avec des vents de 160 km/h ravageaient le Saskatchewan, faisant tomber des câbles électriques et arrachant la porte d'entrée d'un bureau de poste. À la mi-juillet, des orages de grêle et de tonnerre dévastaient un terrain de camping près de la ville d'Edmonton. Une autre tornade s'abattait sur Medicine Hat, dans l'Alberta. À Sarnia, dans l'Ontario, la foudre atomisait la toiture de la raffinerie de pétrole de Suncor et mettait le feu à un additif de l'essence, déclenchant un incendie qui dura sept heures. David Phillips, climatologue d'Environnement Canada, s'exclama : « Nous sommes un peu fatigués d'attendre que quelque chose de normal arrive enfin ! »[219]

Partout ailleurs dans le monde, le temps n'était pas vraiment meilleur. Toujours en 1996, de graves inondations se produisaient au Népal, dans la partie est de l'Inde et au Bangladesh. Trois

---

218. Alain-Claude-Galthe, *Is El Niño Now a Man-Made Phenomenon?*, The Ecologist, vol. 29, p. 64, 1999.
219. Interview dans le magazine *Maclean*, 5 août 1996.

millions d'Indiens se retrouvaient sans foyer et plus d'un million de Bangladeshis étaient bloqués par les eaux. La Chine centrale et du Sud était ravagée par les inondations avec un lourd tribut de plus de 1 400 morts, tandis que six millions de personnes essayaient de maintenir les digues et les murs de protection le long du Yang-Tsé-Kiang. La protection civile chinoise estimait que 56 000 habitants étaient sans électricité et 90 000 n'avaient plus d'eau.

En Afrique du Sud, de fortes chutes de neige se produisaient dans des zones où elle n'avait plus fait d'apparition depuis trente-cinq ans. Les villageois des régions montagneuses du Royaume du Lesotho, bloqués par la neige, étaient dans l'impossibilité de se ravitailler. Beaucoup étaient atteints d'hypothermie, tandis que d'autres mouraient asphyxiés par les émanations des poêles à charbon qu'ils utilisaient pour se chauffer. Durant la semaine qui se termina le 9 juillet, deux importants séismes accompagnés de vents violents et de fortes pluies secouaient les Alpes françaises. D'autres secousses étaient ressenties en Autriche, en Italie du Nord, dans le nord-est de l'Inde, dans la région de l'île de Nii-Jima, au centre du Japon, dans la péninsule du Kamtchatka et au sud du Mexique. Le volcan du mont Ruapehu, en Nouvelle-Zélande, projetait une colonne de cendres et de vapeur à plus de 6 000 mètres d'altitude. Un séisme de magnitude 6,6 se produisait dans l'île de Sulawesi, en Indonésie, ainsi qu'au Kenya, en Allemagne, dans les îles grecques, à l'ouest de la Turquie, dans la partie nord de Sumatra, à Bali, au centre des Philippines, dans l'île du Nord de la Nouvelle-Zélande, dans la zone est du Japon, au centre du Chili, au Salvador et dans les îles Aléoutiennes, le tout pendant la seule semaine se terminant le 26 juillet. En Sicile, l'Etna entrait aussi en éruption cette semaine-là et l'on apercevait ses flammes et la lave en fusion depuis des kilomètres.

Le 9 juillet 1996, alors que des scientifiques du monde entier se réunissaient à Genève avec des officiels des Nations Unies pour exhorter les gouvernements à durcir les objectifs exprimés dans la

Chapitre 4

Convention pour le contrôle du climat, un communiqué de l'agence Reuters à Londres déclarait : « Le dérèglement extrême des conditions météorologiques a coûté la vie de centaines de gens et créé le chaos dans le monde entier ces derniers jours, alors que les scientifiques avertissaient les gouvernements que les gaz à effet de serre et le réchauffement climatique pouvaient altérer le climat. »[220]

Notons que les scientifiques ont changé le terme « réchauffement climatique » pour « changement climatique », car les effets ne sont pas identiques tout autour de cette planète si fragile. Tandis que certaines régions connaissent des augmentations de température moyenne pouvant aller jusqu'à 4° C, d'autres se refroidissent. Les zones polaires devraient se réchauffer plus rapidement que la bande équatoriale, et les continents plus vite que les parties des océans où circulent des courants profonds. L'Antarctique comme l'Arctique ont montré les mêmes schémas de fort réchauffement. En fait, un morceau du glacier de l'Antarctique, aussi gros que l'État de Rhode Island, s'est effondré dans l'océan Atlantique sud en mars 1995, juste avant la Conférence sur le changement climatique mondial de Berlin.[221] Cette disparition de la calotte glaciaire est de première importance, car, si cette énorme masse d'eau se déplace du continent vers l'océan, le niveau des eaux montera et les zones côtières peu élevées seront submergées. Certains scientifiques pensent également que le refroidissement des océans par les glaciers de la planète pourrait entraîner une nouvelle ère glaciaire, en modifiant la direction des courants de convection.

Les fluctuations normales de température propices à la vie permettent à l'eau d'exister sous trois états différents : gazeux, liquide et solide. S'il fait trop froid, la Terre connaît une période glaciaire. S'il fait trop chaud, l'eau s'évapore et la planète ne peut plus entretenir la vie. L'équilibre terrestre maintient des températures

---
220. *Toronto Star,* 9 juillet 1996.
221. C. Flavin, *Facing up to the Risks of Climate Change*, chapitre 2 dans *State of the World 1996, A Worldwatch Institute Report on Progress Toward a Sustainable Society.* Lester Brown et al. (eds), W.W. Norton & Co. New York, NY, 1996.

ni trop basses, ni trop élevées.[222] Et ce n'est pas uniquement la biosphère qui nécessite une quantité contrôlée de chaleur. Les scientifiques ont découvert que l'atmosphère externe se réduit à la vitesse d'un kilomètre tous les cinq ans. On estime que plus il y a de chaleur emprisonnée près de la surface terrestre, moins en est transférée vers l'atmosphère externe. Les conséquences de ces changements sur la vie sont inconnues.

On pense que ce phénomène de chaleur piégée à proximité de la surface terrestre est dû à l'émission de « gaz à effet de serre » – dioxyde de carbone, méthane, soufre, dérivés de l'oxyde d'azote et chlorofluorocarbones. Le tableau sur la page suivante montre de quelle façon les activités humaines ont modifié la concentration de ces gaz dans l'atmosphère, et les activités considérées comme en étant responsables. Lorsque des crises environnementales se produisent, en général, c'est seulement l'économie civile qui est impactée pour rétablir l'équilibre, tandis que les programmes militaires le sont rarement.

---

222. Jose Lutzenberger (président de Fundacio Gaia au Brésil), *Gaia's Fever*, *The Ecologist,* vol. 29, n° 2, 1999.

Augmentation des gaz à effet de serre – de l'ère pré-industrielle aux années 1990[223]

Gaz à effet de serre	Changement de la concentration atmosphérique	Durée de persistance dans l'atmosphère	Activité humaine causant cette accumulation
Dioxyde de carbone (CO_2)	280 ppm à 365 ppm	À peu près deux cents ans*	Combustion d'énergie fossile (charbon, pétrole, gaz)
Méthane	700 ppM à 1 720 ppM (environ 20 fois plus puissant que le CO_2)	À peu près douze ans	Déforestation, culture du riz et élevage, fuites des conduites de gaz naturel
Oxyde d'azote	275 ppM (environ 200 fois plus puissant que le CO_2)	À peu près cent vingt ans	Agriculture moderne et épandages massifs d'engrais chimiques ; usage des automobiles
Chlorofluoro carbones	De 0 à 280 ppb pour le CFC 11 et 484 ppb pour le CFC 12 (plusieurs milliers de fois plus puissant que le CO_2)	Plusieurs milliers d'années	Dispositifs de réfrigération et air conditionné, y compris ceux des avions et des vaisseaux spatiaux

* Il y a un temps de latence entre le rejet de CO_2 et son impact sur le climat, de cinquante à quatre-vingts ans.

Légende : ppm = parties par million, ppM = parties par milliard, ppb = parties par billion.

---

223. Mark Jaffe, *What hath Man Wrought*, The Frankline Institute Online.

La Planète Terre, ultime arme de guerre

On observe une tendance à la hausse de la température terrestre depuis les cent trente dernières années. Cette augmentation s'est faite par saccades, modifiée apparemment par les aérosols sulfatés de l'industrie, qui réfléchissent les rayons du Soleil vers le haut et refroidissent la Terre. Ces aérosols sulfatés ne persistent pas plus de deux semaines dans l'atmosphère, et leur répartition dépend de la localisation des industries et des quantités produites. Pendant les deux guerres mondiales, la production de sulfates augmenta sensiblement, ce qui contrecarra les effets du réchauffement terrestre. Au cours de la Grande Dépression, les émissions de sulfates diminuèrent nettement tandis que les effets des gaz augmentaient. Maintenant que nous installons des épurateurs sur les cheminées d'usines pour purifier les émissions industrielles de sulfates, nous subirons de plein fouet les conséquences de ces gaz.[224]

De plus, les sulfates ont d'autres propriétés ayant produit un impact sur la biosphère. Le Dr Harold Harvey, tandis qu'il étudiait les effets du dioxyde de soufre et des oxydes d'azote sur les lacs au Canada, forgea le terme de « pluie acide » pour décrire leur effet acidifiant. Par interaction avec la vapeur d'eau de l'air, le sulfate se transforme en acide sulfurique et les oxydes d'azote en acide nitrique. Cette acidification présente un important pouvoir de destruction sur l'écosystème. Les pluies acides posèrent de graves problèmes en Amérique du Nord, en Europe, en Chine et, dans une moindre mesure, au Brésil, en Afrique du Sud, au Venezuela et en Australie. La faute en est généralement attribuée au dioxyde de soufre, sous-produit des activités industrielles, et particulièrement aux turbines électriques qui utilisent les énergies fossiles. Toutefois, il n'a jamais été entrepris d'estimation officielle des apports d'oxyde d'azote libérés au cours des essais nucléaires atmosphériques[225] et par les usines de retraitement des déchets radioactifs.

---

224. Simon Retallack et Peter Bunyard, *We're Changing our Climate! Who Can Doubt it?*, *The Ecologist*, vol. 29, n° 2, 1999, p. 60.
225. 1946-63 pour le Pacifique et l'Amérique du Nord.

Cet exposé sur les sulfates n'a pas pour objectif d'encourager à plus de pollution afin de refroidir notre planète surchauffée, mais fait plutôt appel à la prudence en ce qui concerne les quantités croissantes de particules déversées dans l'espace, telles les aiguilles de cuivre de cette expérience désastreuse ou les débris abandonnés en orbite autour de la Terre lors d'autres expérimentations spatiales entreprises par les militaires.[226] On estime qu'il y a actuellement entre 10 000 à 50 000 objets de plus de 4 cm en orbite terrestre. Le nombre total de particules de débris est encore largement supérieur à ces chiffres. Ils se déplacent à très grande vitesse et peuvent causer des dommages considérables, ou même détruire un satellite.[227] Une analyse intégrale du climat et de la météorologie devrait aussi prendre en compte ces particules en orbite.

Bien sûr, les cycles de réchauffement de la Terre sont une chose naturelle. L'orbite terrestre, par exemple, passe d'une course circulaire à elliptique sur une période de 100 000 ans et son inclinaison sur son axe varie de 21,8 à 24,4 degrés sur une période de 40 000 ans. Plus l'inclinaison est forte, plus les saisons connaissent des conditions extrêmes. La proximité de l'hémisphère Nord ou Sud par rapport au Soleil, durant leur été ou leur hiver, varie selon un cycle de 25 000 ans. L'hémisphère Nord est actuellement plus près du Soleil pendant son hiver et plus loin pendant son été. Cela signifie qu'il reçoit environ 5 % de soleil estival en moins qu'il y a 12 000 ans. Selon certains spécialistes, nous nous dirigeons vers une nouvelle période glaciaire, puisqu'il s'agirait, semble-t-il, de cycles d'une durée de 90 000 ans, interrompus par une période intérimaire de 10 000 ans.

Si le lecteur se sent un peu perdu au milieu de ces données contradictoires, c'est parce que nos connaissances des cycles naturels de la Terre et de l'impact des activités humaines sur ces

---
226. H. A. Bethe et al., *Space-based Ballistic Missile Defense*, Scientific American, vol. 2511, n°4, 1984, p. 37.
227. D. J. Kassler, *Orbital debris issues*, exposé présenté au Congrès COSPAR, Graz, Autriche, 1984.

cycles sont insuffisantes pour pouvoir prédire de façon satisfaisante ce qu'il peut advenir.[228] De plus, ces prédictions se basent sur l'histoire naturelle de notre planète mais perdent toute signification face aux expérimentations hasardeuses sur les systèmes terrestres majeurs de l'atmosphère supérieure et les entrailles de la Terre.

Toute stase naturelle se maintient par l'action de deux principes opposés, chacun obéissant à un signal déclencheur. Ainsi, le taux de sucre du sang humain est augmenté quand il est trop bas, par l'action de l'adrénaline sur le foie qui libère du sucre en réserve, et, quand il est trop élevé, il est réduit par l'action de l'insuline libérée par le pancréas. Il s'agit de déclencheurs physiologiques qui, après avoir détecté un niveau de sucre sanguin trop haut ou trop bas, prennent l'initiative de le corriger. Il n'est pas du tout inhabituel de découvrir de telles forces opposées et complémentaires dans un système terrestre équilibré. Le cycle de la croissance végétale sous les climats tempérés en est un exemple : en été, l'absorption du dioxyde de carbone de l'atmosphère par les végétaux et leurs feuilles est à son maximum, ce qui provoque une légère baisse de la chaleur solaire ; en hiver, les feuilles vertes ont disparu et les plantes sont en sommeil, permettant au dioxyde de carbone de s'accumuler et de créer un léger effet de réchauffement. Manifestement, les activités humaines n'ont pas réussi à respecter ce cycle si utile et ont bouleversé ces mécanismes par les actions conjuguées de la déforestation et d'une production excessive de dioxyde de carbone.

---

228. Voir Frank Wentz et Matthias Schnabel, *Effects of Orbital Decay on Satellite-Derived Lower-Tropospheric Temperature Trends*, *Nature,* vol. 394, n° 6694, pp. 661-4, 1998.

Chapitre 4

Œuvres divines ?

Il y a une grande différence entre causer des dérèglements climatiques par accident et savoir les provoquer au moment et à l'endroit choisis. En analysant l'état de santé précaire de la Terre, ni l'une ni l'autre de ces pratiques n'est acceptable. Bien que certains événements de 1996 puissent être qualifiés de catastrophes « naturelles », en aucune façon des désastres en si grand nombre et d'une telle intensité ne peuvent être considérés comme normaux. Il a été estimé qu'entre les années 1960 et 1990, le nombre de désastres naturels majeurs a été multiplié par dix. Les catastrophes naturelles non couvertes par les assurances se sont multipliées par sept, et celles qui l'étaient par quinze. Cet état de fait a provoqué l'inquiétude généralisée dans le monde des assurances. Le coût de treize désastres climatiques parmi ceux survenus entre 1989 et 1995 a dépassé les 3 milliards de dollars.[229] Selon la compagnie Munich Re, l'un des principaux réassureurs au monde, la facture mondiale pour les dégâts climatiques majeurs de 1996 à 1998 s'élevait à 180 milliards de dollars.[230]

La déclaration de la revue *The Ecologist* concernant le changement climatique est sans équivoque :

> Notre santé et nos ressources alimentaires seront affectées de façon dramatique par le nombre croissant de sécheresses, de vagues de chaleur et la propagation de parasites et d'insectes porteurs de maladies, par suite de l'augmentation des températures. Nos terres agricoles, nos villes et nos capitales subiront de graves préjudices dus à l'élévation du niveau des océans, au nombre croissant d'inondations et d'orages violents, avec des coûts énormes pour l'industrie et les particuliers, dont les maisons et les moyens de subsistance seront détruits... La

---
229. *State of the World,* op. cit., p. 27.
230. Steven Hume, dans *The Vancouver Sun,* 30 décembre 1998.

hausse globale des températures est plus rapide qu'elle ne l'a jamais été depuis 10 000 ans, avec les douze années les plus chaudes de notre histoire enregistrées depuis 1980.[231]

Ce groupe de scientifiques, parmi les plus prestigieux au monde, nous prédit que, sans le changement de nos comportements, nous pourrions nous retrouver dans une situation de déstabilisation climatique catastrophique, aux conséquences vertigineuses.

Fin du tome 1

Premier chapitre du tome 2 :
Les crises environnementales générées par les guerres

---

231. *The Ecologist,* vol. 29, mars/avril 1999.

Table des matières

Remerciements   5
Avant-propos   6
Introduction   8

Partie I – **LA GUERRE**   15

Chapitre 1   17
La guerre dans les dix dernières années du xxe siècle

Partie II – **LA RECHERCHE**   77

Chapitre 2   79
À la découverte du ciel

Chapitre 3   119
Plans militaires pour l'espace

Chapitre 4   155
Problèmes terre-à-terre avec les guerres des étoiles

www.ingramcontent.com/pod-product-compliance
Lightning Source LLC
LaVergne TN
LVHW042046070526
838201LV00077B/814